상황과 함께하는 스페인어

LA CASA SPANISH

상황과 함께하는 스페인어

el español en situaciones

민선재 지음

HU:iNE

* 이 책의 음원(mp3)은 한국외국어대학교 지식출판원 홈페이지(press.hufs.ac.kr)-게시판-자료실에서 다운받아 사용하시기 바랍니다.

스페인어(el español)는 1스페인(España)과 중남미의 2아르헨티나(Argentina), 3볼리비아(Bolivia), 4콜롬비아(Colombia), 5코스타리카(Costa Rica), 6쿠바(Cuba), 7칠레(Chile), 8에콰도르(Ecuador), 9엘살바도르(El Salvador), 10과테말라(Guatemala), 11온두라스(Honduras), 12멕시코(México), 13니카라과(Nicaragua), 14파나마(Panamá), 15파라과이(Paraguay), 16페루(Perú), 17도미니카공화국(República Dominicana), 18우루과이(Uruguay), 19베네수엘라(Venezuela) 그리고 20적도기니(Guinea Ecuatorial)에서 **국어**로, 21푸에르토리코(Puerto Rico) 22안도라(Andorra)에서는 **공용어**로 사용하고 있으며 필리핀(Filipinas), 오스트레일리아(Australia), 모로코(Marruecos), 트리니다드 토바고(Trinidad y Tobago), 벨리세(Belice), 아이티(Haití), 이스라엘(Israel), 서사하라(Sahara Occidental), 발칸제국(los Balcanes) 그리고 미국 남서부(el Sur de los EEUU) 일대에서 **부분적**으로 사용한다. 스페인어 사용 인구는 현재 약 4억 5천만 정도이다. 이런 규모로 볼 때 스페인어는 아주 중요한 언어라 할 수 있다. 또한 배우기가 쉽고 언어 자체가 낭만적이므로 전공은 물론 취미로 선택하기에 좋은 언어라 할 수 있다.

본 '**LA CASA SPANISH**'의 '**상황**과 함께하는 **스페인어**'는 다양한 표현과 생활 속의 기본 상황을 중심으로 스페인어를 자연스럽게 구사할 수 있도록 구성하였다. 외국어를 서술적으로 공부하면 실제 상황에서 말하기가 쉽지 않다. 그러나 상황을 중심으로 표현을 공부하면서 해당 문법을 이해한다면 실제 상황에서 보다 자연스럽게 스페인어를 구사할 수 있다. 본 '**상황**과 함께하는 **스페인어**'는 묻고 대답하는 대화 형식으로 되어 있으므로, 실제 상황에서 바로 활용할 수 있을 것이다. 아울러 동시 통역 훈련이 될 수 있도록 한국어와 스페인어를 교차하여 녹음을 하였다. 따라서 녹음만 들으면서도 쉽게 한국어-스페인어를 연습할 수 있다. 또한 스페인어 구조의 이해를 위해 '동사'와 '간편 문법'을 별도로 소개하고 있다. 그러나 스페인어에서 동사는 문장의 중심이라 할 수 있으며, 동사 변화가 다양하여 그때그때 외우지 않으면 스페인어의 구사에 어려움이 생길 수 있기 때문에 '**스페인어 동사 변화**와 **목록**'을 참고하여 동사 변화를 반드시 외우도록 해야 한다. 또한 각 상황마다 '관련 단어'가 있어 이를 잘 활용하면 대화의 폭을 넓힐 수 있다. 단어를 암기하기 보다는 상황에 따른 대화에 다양하게 단어를 바꾸어 표현해보는 것이 바람직하다. 이는 '말을 한다'는 것은 기본적으로 문장을 연결하는 것이기 때문이다.

언어 학습은 쓰기, 읽기, 듣기, 말하기가 총체적으로 이루어져야 한다. 이 중에서 특히 우리나라 학습자가 어려움을 느끼는 부분은 듣기와 말하기이다. 무엇보다 자연스럽게 듣고 말하는 것이 중요하다. 그러므로 본 교재는 자연스럽게 듣고 말할 수 있도록 구성되어 있다. 그러나 이런 자연스러움은 무엇보다 관심으로부터 나온다. 사실 우리 모두는 모든 것에 관심을 갖고 있다. 그 중에 특히 선호하는 것이 있을 뿐이다. 스페인어는 유럽에 있는 스페인과 중남미 대다수의 나라에서 국어로 사용하므로 문화적으로 다양하다고 하겠다. 이러한 문화적 다양성 중에는 중남미 토착 인디안 문명의 신비함도 깃들어 있다. 그러므로 스페인어는 우리가 충분히 관심을 가지고 배워볼 만한 언어이며, 또한 제2 외국어로도 손색이 없다.

본 '**LA CASA SPANISH**'는 '**문형**과 함께하는 **스페인어**'로 기초를 쌓고, '**상황**과 함께하는 **스페인어**'로 다양성을 갖추고, '**주제**와 함께하는 **스페인어**'로 각 분야의 전문적 표현을 습득할 수 있도록 구성되어 있다. 또한 '**스페인어 동사 변화**와 **목록**'을 잘 활용하여 스페인어를 재미있게 배우고, 자연스럽게 표현하며, 세계의 스페인어 화자들과 함께 즐겁게 소통하므로, 건강하고 행복한 지구촌을 만들어 갈 수 있기를 기대한다.

* 녹음을 위해 수고한 전성환, 이예은, 이 길에게 특별한 감사를 표한다.

차례 | índice

표현^expresión • 97

상황[situación] • 157

발음

pronunciación

발음 | pronunciación

자모표 abecedario

문자		명칭		문자		명칭	
A	a	a	아	N	n	ene	에네
B	b	be	베	Ñ	ñ	eñe	에녜
C	c	ce	θㅔ/세	O	o	o	오
Ch	ch	che	체	P	p	pe	뻬
D	d	de	데	Q	q	cu	꾸
E	e	e	에	R	r	ere, erre	에레, 에ㄹ레
F	f	efe	에훼	S	s	ese	에세
G	g	ge	헤	T	t	te	떼
H	h	hache	아체	U	u	u	우
I	i	i	이	V	v	uve	우베
J	j	jota	호따	W	w	uve doble	우베 도블레
K	k	ka	까	X	x	equis	에끼스
L	l	ele	엘레	Y	y	i griega	이 그리에가
Ll	ll	elle	엘례/에예	Z	z	zeta	θㅔ따/세따
M	m	eme	에메				

▶[θ]는 치간음을 말한다.

▶'에ㄹ레'는 'r'를 여러 번 굴려서 발음하는 것을 말한다.

▶'에훼'의 'ㅎ'은 아랫입술을 윗니로 살짝 깨물면서 발음한다.

▶'ch, ll'은 하나의 음소임에 유의하자! 최근 스페인 한림원에서는 'ch, ll'를 독립된 문자로 간주하지 않기로 했다. 그러므로 최근 사전에는 'ch, ll'란이 별도로 없고 'ch'는 'c'에서, 'll'

는 'l'에서 찾아야 한다. 그러나 이들은 하나의 음소임으로 'ch'는 'c'와 'h'가 섞인 발음이 아니라 [c]로, 'll'는 'l'을 두 번 발음하는 것이 아니라 [ʎ]로 발음한다.

▶ 'θ ㅔ/엘례/θ ㅔ 따'는 스페인식 발음이고 '세/에예/세따'는 중남미식 발음이다.

▶ 주황색 표시는 발음상 강세의 위치를 표시한다.

▶ 스페인식과 중남미식 발음이 서로 다른 경우, 자신의 필요에 따라 선택하여 일관성 있게 연습하도록 한다.

모음 vocal

▶ 스페인어에는 'a, e, i, o, u'의 다섯 개의 모음이 있으며 'a, e, o'는 강모음이고, 'i, u'는 약모음이다.

A [아]	mamá	[마마]	엄마
	padre	[빠드레]	아버지
E [에]	bebé	[베베]	아기
	mesa	[메사]	탁자
I [이]	niño	[니뇨]	어린이
	abril	[아브릴]	4월
O [오]	dónde	[돈데]	어디
	oso	[오소]	곰

U [우]	nube	[누베]	구름
	duda	[두다]	의심

자음 consonante

B

우리말의 'ㅂ'와 같은 발음이다.

+ a	[바]	bambú	[밤부]	대나무
+ e	[베]	bebé	[베베]	아기
+ i	[비]	bigote	[비고떼]	콧수염
+ o	[보]	boca	[보까]	입
+ u	[부]	burro	[부ㄹ로]	당나귀

C

모음 'a, o, u'가 뒤따르면 우리말의 'ㄲ'으로, 모음 'e, i'가 뒤따르면 [θ]로 발음한다. 이 [θ]를 중남미에서는 [s]로 발음한다.

+ a	[까]	casa	[까사]	집
+ o	[꼬]	consumo	[꼰수모]	소비
+ u	[꾸]	cura	[꾸라]	사제
+ e	[θㅔ /세]	cena	[θㅔ나/세나]	저녁식사
+ i	[θㅣ /시]	cine	[θㅣ네/시네]	영화관

• 중남미에서 [θ]를 [s]로 발음하는 현상을 'seseo' [세세오]라 부른다.

ch

우리말의 'ㅊ'을 입천장에 붙였다 끌어내리면서 발음하는 것과 같다.

+ a	[차]	muchacha	[무차차]	소녀
+ e	[체]	coche	[꼬체]	자동차
+ i	[치]	chico	[치꼬]	소년
+ o	[초]	chocolate	[초꼴라떼]	초콜릿
+ u	[추]	chupar	[추빠르]	빨다

D

우리말의 'ㄷ'과 같은 발음이다.

+ a	[다]	dama	[다마]	숙녀
+ e	[데]	dedo	[데도]	손가락
+ i	[디]	diciembre	[디시엠브레]	12월
+ o	[도]	doctor	[독또르]	박사
+ u	[두]	duda	[두다]	의심

F

순치음으로 아랫입술을 윗니로 가볍게 물면서 발음한다.

+ a	[화]	favor	[화보르]	호의
+ e	[훼]	feo	[훼오]	못생긴
+ i	[휘]	fin	[휜]	끝
+ o	[호]	fondo	[혼도]	바닥
+ u	[후]	fumar	[후마르]	담배피다

- 'fin'은 단음절이므로 강세가 오지 않는다. 그러나 예외도 있다. 예를 들어, 불특정관사 'un'은 단음절이나 강세를 주어 발음한다.

G

모음 'a, o, u'가 뒤따르면 우리말의 'ㄱ'으로, 모음 'e, i'가 뒤따르면 후두음 'ㅎ'로 발음한다. 그러나 'gue'[게]나 'gui'[기] 형태가 될 경우 그대로 'ㄱ'로 발음하되 [u]는 발음되지 않으며, 이때 'u'는 단지 'g'발음을 'ㄱ'발음이 되도록 하는 역할만 한다. 그러나 'u'위에 불규칙하게 '¨'표시가 찍혀 있는 경우 [u]발음이 살아난다.

+ a	[가]	gato	[가또]	고양이
+ e	[헤]	gente	[헨떼]	사람들
+ i	[히]	girasol	[히라솔]	해바라기
+ o	[고]	amigo	[아미고]	친구
+ u	[구]	agua	[아구아]	물
+ ue	[게]	guerra	[게ㄹ라]	전쟁
+ ui	[기]	guitarra	[기따ㄹ라]	기타
+ üe	[구에]	vergüenza	[베르구엔θㅏ/사]	수치심

H

어느 경우에도 발음을 하지 않는다.

+ a	[아]	hacha	[아차]	도끼
+ e	[에]	hermano	[에르마노]	오빠/형
+ i	[이]	hija	[이하]	딸
+ o	[오]	hoja	[오하]	종이
+ u	[우]	huracán	[우라깐]	태풍

- 'hi'는 마찰음으로 한 음소[ǰ]에 해당하므로 철자 'y'와 같은 발음을 한다:
  hierba [ǰérba 예르바] 풀
  그러나 'n, l' 다음에서 파찰음화가 이루어진다:
  el hielo [el ɟélo 엘젤로] 얼음

J

후두음 'ㅎ'로 발음한다. 모음 'e, i' 앞에서의 'g'와 같은 발음이다.

+ a	[하]	jamón	[하몬]	햄
+ e	[헤]	jefe	[헤훼]	부서장
+ i	[히]	jirafa	[히라화]	기린
+ o	[호]	joven	[호벤]	젊은이
+ u	[후]	jugar	[후가르]	놀다

K

주로 외래어 표기에 사용되며 'ㄲ'로 발음한다.

+ a	[까]	kaki	[까끼]	카키색
+ e	[께]	keratina	[께라띠나]	각질
+ i	[끼]	kilogramo	[낄로그라모]	킬로그램
+ o	[꼬]	koala	[꼬알라]	코알라
+ u	[꾸]	kurdo	[꾸르도]	쿠르드족

L

혀끝을 잇몸 바로 뒤에 붙여서 내는 'ㄹ'발음이다.

+ a	[라]	labio	[라비오]	입술
+ e	[레]	leche	[레체]	우유
+ i	[리]	libro	[리브로]	책
+ o	[로]	loco	[로꼬]	미친
+ u	[루]	lunes	[루네스]	월요일

Ll

혀끝을 입천장에 붙여 끌어내리면서 내는 발음 [ʎ]이다. 중남미에서는 [ĵ]로 발음한다.

+ a	[랴/야]	llave	[랴베/야베]	열쇠
+ e	[례/예]	calle	[깔례/까예]	거리
+ o	[료/요]	caballo	[까발료/까바요]	말
+ u	[류/유]	lluvia	[류비아/유비아]	비

- 중남미에서 [ʎ]를 [ĵ]로 발음하는 현상을 'yeísmo' [예이스모]라 부른다.

M

우리말의 'ㅁ'과 같은 발음이다.

+ a	[마]	madre	[마드레]	어머니
+ e	[메]	mesa	[메사]	탁자
+ i	[미]	camisa	[까미사]	셔츠
+ o	[모]	mosca	[모스까]	파리
+ u	[무]	mudo	[무도]	벙어리

N

우리말의 'ㄴ'과 같은 발음이다. 'n'뒤에 오는 자음에 동화되어 조금씩 다르게 발음되기도 한다.

+ a	[나]	nariz	[나리 θ/스]	코
+ e	[네]	nervio	[네르비오]	신경
+ i	[니]	nido	[니도]	새둥지
+ o	[노]	noche	[노체]	밤
+ u	[누]	nube	[누베]	구름
+ [p], [b], [m]		un vaso	[움바소]	한 개의/어떤 컵
+ [f]		confuso	[꽁후소]	혼란한
+ [θ]		once	[온θㅔ/세]	십일
+ [t], [d]		lento	[렌또]	느린
+ [k], [g]		hongo	[옹고]	버섯
+ [c]		un chico	[운치꼬]	한/어떤 소년
+ [ɟ]		cónyuge	[꼰쥬헤]	부부

Ñ

혀끝을 입천장에 붙여 끌어내리면서 하는 발음으로 우리말의 '냐', '뇨'와 같은 발음이다.

+ a	[냐]	mañana	[마냐나]	내일, 아침
+ e	[녜]	compañero	[꼼빠녜로]	동료
+ i	[니]	compañía	[꼼빠니아]	회사
+ o	[뇨]	sueño	[수에뇨]	꿈
+ u	[뉴]	pañuelo	[빠뉴엘로]	손수건

P

우리말의 'ㅃ'와 같은 발음이다.

+ a	[빠]	papel	[빠뻴]	종이
+ e	[뻬]	peso	[뻬소]	무게
+ i	[삐]	piano	[삐아노]	피아노
+ o	[뽀]	pulpo	[뿔뽀]	낙지
+ u	[뿌]	punto	[뿐또]	점

Q

반드시 'ue, ui'와 합쳐 'que'[께], 'qui'[끼]로 발음된다. 즉 'u'는 발음되지 않는다.

queso	[께소]	치즈
aquí	[아끼]	여기
máquina	[마끼나]	기계

R

우리말의 'ㄹ'과 같은 발음이나 단어 맨 앞에, 또는 'n, s, l' 다음에 올 경우와 철자가 'rr'로 겹쳐져 있을 때는 혀를 많이 굴려서 발음한다.

pero	[뻬로]	그러나
camarero	[까마레로]	웨이터
vender	[벤데르]	팔다
perro	[뻬ㄹ로]	개
rosa	[ㄹ로사]	장미
sonrisa	[손ㄹ리사]	미소
alrededor	[알ㄹ레데도르]	주위
Israel	[이스ㄹ라엘]	이스라엘

- 'n, s, l' 다음에 'r'는 혀를 많이 굴려서 발음해야 되기 때문에 실제로 'n, s, l'은 거의 발음되지 않아 [소ㄹ리사], [아ㄹ레데도르], [이ㄹ라엘]처럼 들린다.

S

우리말의 'ㅅ'와 같은 발음이다.

+ a	[사]	sabio	[사비오]	현인
+ e	[세]	seguro	[세구로]	안전한/확실한
+ i	[시]	casi	[까시]	거의
+ o	[소]	sobre	[소브레]	봉투/~위에
+ u	[수]	subir	[수비르]	올라가다

T

우리말의 'ㄸ'와 같은 발음이다.

+ a	[따]	tacaño	[따까뇨]	인색한
+ e	[떼]	aceite	[아θㅔ/세이떼]	기름
+ i	[띠]	tinta	[띤따]	잉크
+ o	[또]	tomate	[또마떼]	토마토
+ u	[뚜]	tortuga	[또르뚜가]	거북이

V

우리말의 'ㅂ'와 같은 발음이다.

+ a	[바]	vaso	[바소]	컵
+ e	[베]	verano	[베라노]	여름
+ i	[비]	avión	[아비온]	비행기
+ o	[보]	vosotros	[보소뜨로스]	너희들
+ u	[부]	vuestro	[부에스뜨로]	너희들의

- 'b'와 'v'는 구별없이 양순음으로 발음된다.
- 'vuestro'는 소유형용사로 명사 앞에 놓일 경우는 강세가 주어지지 않으며 명사 뒤에 놓일 경우는 강세가 주어진다. 이는 전치형과 후치형을 구별하기 위함이다.

W

주로 외래어 표기에 사용되며 외래어 발음을 그대로 유지한다. 강세의 위치는 외래어의 발음에 준한다.

Wáshington	[와싱똔]	워싱톤
whiski	[위스끼]	위스키
won	[원]	원 (한국화폐단위)
sándwich	[산드위치]	샌드위치

X

일반적으로 [ks]로 발음하나, 뒤에 자음이 나오는 경우 [s]로 발음되기도 한다. 지명은 간혹 'ㅎ'발음 [x]을 하기도 한다.

+ a	[끄사]	examen	[엑사멘]	시험
+ e	[끄세]	lexema	[렉세마]	어휘소
+ i	[끄시]	taxi	[딱시]	택시
+ o	[끄소]	exótico	[엑소띠꼬]	이국적인
+ u	[끄수]	exuberante	[엑수베란떼]	풍부한
자음앞		extranjero	[에스뜨랑헤로]	외국의
지명		Téxas	[떼하스]	텍사스
지명		México	[메히꼬]	멕시코

Y

우리말의 '야', '요' 발음과 비슷하나 좀 더 강하여 영어의 'yes'에 더 가깝다.

+ a	[야]	playa	[쁠라야]	해변
+ e	[예]	yegua	[예구아]	암말
+ o	[요]	ayuda	[아유다]	도움
+ u	[유]	mayo	[마요]	5월

- 'n, l' 다음에서는 파찰음화가 이루어진다: cónyuge [꼰주헤] 부부

Z

스페인에서는 [θ]로 발음하고, 중남미에서는 [s]로 발음한다.

+ a	[θㅏ/사]	zapato	[θㅏ/사빠또]	구두
+ e	[θㅔ/세]	zeta	[θㅔ/세따]	철자 z의 이름
+ i	[θㅣ/시]	zinc	[θ이/싱끄]	아연
+ o	[/소]	zorro	[오 /소ㄹ로]	숫여우
+ u	[/수]	zumo	[우 /수모]	주스

- 'zinc'는 단음절이므로 강세가 오지 않는다.

음절분해 silabeo

음절 분해는 모음을 기준으로 한다. 따라서 음절수를 계산할 때, 모음 하나를 1음절로 계산하며, 이중모음이나 삼중모음은 하나의 모음으로 간주하고, 이중자음 또한 하나의 자음으로 간주한다. 이중모음과 삼중모음은 강모음 'a, e, o'와 약모음 'i, u'가 조합을 이루어 만들어지며, 이중자음으로는 'bl, br, cl, cr, fl, fr, gl, gr, kl, kr, pl, pr, dr, tr' 등이 있다.

▶ 모음과 모음 사이에 자음이 하나만 있을 경우, 그 자음은 뒤에 오는 모음과 하나의 음절을 이룬다:

ca-sa	자(c)+모(a)-자(s)+모(a)	집
co-che	자(c)+모(o)-자(ch)+모(e)	자동차
fue-go	자(f)+모(ue)-자(g)+모(o)	불
a-gua	모(a)-자(g)+모(ua)	물
i-dio-ma	모(i)-자(d)+모(io)-자(m)+모(a)	언어

▶ 모음과 모음 사이에 자음이 두 개일 경우, 각각 앞 뒤 모음과 한 음절을 이룬다:

doc-tor	자(d)+모(o)+자(c)-자(t)+모(o)+자(r)	의사
al-to	모(a)+자(l)-자(t)+모(o)	높은
pier-na	자(p)+모(ie)+자(r)-자(n)+모(a)	다리

▶ 이중자음은 하나의 자음으로 간주한다:

pla-ya	자(pl)+모(a)-자(y)+모(a)	해변
di-ciem-bre	자(d)+모(i)-자(c)+모(ie)+자(m)-자(br)+모(e)	12월
blan-co	자(bl)+모(a)+자(n)-자(c)+모(o)	흰
cla-ro	자(cl)+모(a)-자(r)+모(o)	확실한

▶ 이중모음이라 하더라도 약모음 위에 강세 부호가 찍혀 강모음화되는 경우는 각각의 모음으로 간주한다:

tí-o	자(t)+모(í)-모(o)	아저씨
dí-a	자(d)+모(í)-모(a)	날(日)
rí-o	자(r)+모(í)-모(o)	강
dú-o	자(d)+모(ú)-모(o)	듀엣
ma-íz	자(m)+모(a)-모(í)+자(z)	옥수수

강세 acento

스페인어에서 강세는 매우 중요하다. 강세에 따라 단어의 뜻이 달라질 수 있기 때문이다. 낱말에 강세 표시가 있는 경우는 그 음절에 낱말 전체의 강세가 놓이게 되며, 낱말에 강세 표시가 없는 경우는 다음의 일반규칙에 의한다.

▶ 'n, s'를 제외한 모든 자음으로 끝나는 낱말은 맨 마지막 음절에 강세가 있다:

be-ber	[베베르]	마시다
sa-bor	[사보르]	맛
ca-nal	[까날]	채널
gi-ra-sol	[히라솔]	해바라기

▶ 모음이나 자음 'n, s'로 끝난 낱말은 끝에서 두 번째 음절에 강세가 있다:

me-sa	[메사]	탁자
ton-to	[똔또]	바보
a-ño	[아뇨]	년(年)
mar-tes	[마르떼스]	화요일

▶ 불규칙하게 강세부호가 찍혀 있는 낱말은 강세부호 표시가 있는 음절에 강세가 있다:

jar-dín	[하르딘]	정원
dón-de	[돈데]	어디
a-quí	[아끼]	여기
Mé-xi-co	[메히꼬]	멕시코

▶ 모든 특정관사, 모든 소유격 전치형, 모든 관계대명사(el cual, los cuales 예외), 모든 전치사와 그 복합형, 모든 접속사와 그 복합형, 모든 단음절 목적격(le, lo, la, se 등)에는 강세가 오지 않는다.

▶ 모든 불특정관사, 숫자(숫자 복합형은 뒤에만 오며, mil·cien·millón은 어느 위치에서도 강세 있음), 모든 지시형용사, 인칭대명사 주격, 중성지시대명사(esto·eso·aquello)를 포함한 모든 지시대명사, 모든 소유격 후치형, 모든 소유대명사에는 강세가 온다. 사람 이름이 2개가 겹쳐있는 경우는 뒤에만 강세가 온다(Juanjo, Marialuisa 등).

▶ 모든 낱말은 1개의 강세를 갖는다. 단, 부사(lentamente)는 2개의 강세를 갖는다.

억양 entonación

스페인어의 억양은 크게 다음의 3가지로 구분할 수 있다:

하강어조	tonema descendente	
평 어 조	tonema horizontal	
상승어조	tonema ascendente	

구두점 puntuación

,	coma	[꼬마]	쉼표
—	guión	[기온]	하이픈
;	punto y coma	[뿐또 이 꼬마]	세미콜론
" "	comillas	[꼬미야스]	따옴표
:	dos puntos	[도스 뿐또스]	콜론
_	raya	[ㄹ라야]	밑줄
.	punto final	[뿐또 휘날]	마침표
¨	diéresis	[디에레시스]	'u'에 붙이는 부호
...	puntos suspensivos	[뿐또스 수스뻰시보스]	말줄임표
~	tilde	[띨데]	물결부호
¿	principio de interrogación	[쁘린θ이/시삐오 데 인떼ㄹ로가θ이/시온]	앞의문부호
?	fin de interrogación	[휜 데 인떼ㄹ로가θ이/시온]	뒷의문부호
¡	principio de admiración	[쁘린θ이/시삐오 데 아드미라θ이/시온]	앞감탄부호
!	fin de admiración	[휜 데 아드미라θ이/시온]	뒷감탄부호
( )	paréntesis	[빠렌떼시스]	괄호

▶ 스페인어에서는 문장 앞뒤에 의문부호(¿ ?)와 감탄부호(¡ !)를 표기한다:

¿Es usted doctor? — 당신은 의사이십니까?
에스 우스뗀 독또르

¿Qué es esto? — 이것은 무엇입니까?
께 에스 에스또

¡Qué frío! — 아휴, 추워!
께 후리오

¡Qué chica más guapa! — 정말 예쁜 소녀다!
께 치까 마스 구아빠

대문자 사용 usos de mayúsculas

문(文)이 시작될 때	Queridos amigos~
마침표 다음에서	~ nos marchamos. Al salir ~
고유명사 신과 관계된 단어	José(남자이름) María(여자이름) El Creador(창조주) Dios(신) Santa María(성모) España(스페인)
약자	D.(don): 남자에 대한 존칭　Dª.(doña): 여자에 대한 존칭 Ud./Vd.(usted): 당신　Uds./Vds.(ustedes): 당신들 Sr.(señor): ~씨　Sra.(señora): ~여사　Srta.(señorita): ~양
기관명	Instituto Cervantes

▶ 대문자 위에 강세가 오게 되는 경우, 강세 부호를 찍어도 좋고 안 찍어도 좋으나 일반적으로는 찍지 않는다: Capítulo / CAPITULO

어순 orden de palabras

스페인어 긍정문의 기본어순은 '주어 + 동사 + 목적어'이고, 의문문은 '¿동사 + 주어 + 목적어?'이며, 부정문은 동사 앞에 부정어 'no'를 놓는다. 그러나 스페인어에서는 다양한 동사 변화로 인하여 주로 인칭대명사 주어를 생략하며, 부사 등의 위치도 비교적 자유롭다:

Yo tengo libros. 나는 책을 가지고 있다.

요 뗑고 리브로스

↓ ↓ ↓

주어 동사 목적어

→ 인칭대명사 주어를 생략하면

Tengo libros.

→ 주어와 동사의 위치를 바꾸면

¿Tengo (yo) libros? 내가 책을 가지고 있니?

→ 동사 앞에 부정어 'no'를 넣으면

Yo no tengo libros./No tengo libros. 나는 책을 가지고 있지 않다.

el
español
en
situaciones

동사

verbo

동사 | verbo

스페인어에서 동사는 문장의 중심을 이룬다고 볼 수 있다. 또한 많은 동사 변화로 인하여 어려움이 따른다. 그러므로 먼저 동사에 대한 전체적인 이해를 한 후에 각 동사 변화는 그때그때 문장 내에서 외워 나가도록 한다. 나중으로 미루면 그야말로 미로 속을 헤매는 것 같은 혼란한 상태에 처하게 된다. 그러나 처음에 몇 개의 규칙변화와 불규칙변화를 입에 익히면 후에는 자동적으로 할 수 있게 된다. 그 이유는 불규칙변화라 하더라도 나름대로 규칙이 있으며 또한 리듬이 있어 후에는 이 리듬을 자연스럽게 탈 수 있게 되기 때문이다. 그러므로 본 교재로 스페인어를 공부하는 사람은 처음에 좀 어렵더라도 눈 앞에 있는 동사 변화는 반드시 외우고 다음으로 넘어가기 바란다.

동사의 용법 usos del verbo

1. 접사(afijo)

주로 접두어로 'pre-'(ver/prever)가 오면 '앞'의 뜻을, 'pos-'(poner/posponer)가 오면 '뒤'의 뜻을, 're-'(decir/redecir)가 오면 '반복'의 뜻을, 'des-'(aparecer/desaparecer)가 오면 '반대'의 뜻을, 'a-'(vivo/avivar)나 'en-'(duro/endurecer)이 오면 다른 품사를 동사가 되게 한다. 또한 대부분의 타동사는 'se'와 함께 수동을 표현한다.

2. 'ser/estar/hay'

영어의 'be'동사에 해당하는 스페인어 동사는 'ser'(~이다)와 'estar'(~상태이다)가 있다. 'ser'는 주로 신분이나 변하지 않는 속성을 표현하며, 'estar'는 상태나 변하는 속성을 표현한다. 예를 들어, '나는 학생입니다.'는 신분을 나타내므로 'ser'를 사용하여 'Soy estudiante.'가 되며, '나는 감기에 걸렸습니다.'는 상태를 나타내므로 'estar'를 사용하여 남자이면 'Estoy resfriado.', 여자이면 'Estoy resfriada.'로 표현한다. '그녀는 낙천적이다.'로 변하지 않는 속성을 표현하게 되면 'ser'를 사용하여 'Ella es alegre.'가 되며 '그녀는 기쁘다.'로 변하는 속성을 표현하면 'estar'를 사용하여 'Ella está alegre.'가 된다. 또한 영어의 'there is ~'나 'there are ~'는 'haber'(완료를 만드는 조동사)의 3인칭 단수로 모두 표현하게 된다. 직설법 현재에서는 'hay'라는 형태를 사용한다. 그러므로 '무엇이 있느냐?'는 '¿Qué hay?'로 표현되며, '어디에 있느냐?'는 '¿Dónde está?'로 표현된다.

3. 전치사 요구 동사(verbo con la preposición)

일부 동사들은 특정 전치사를 필요로 하므로 그때그때 함께 외워두어야 한다. 예를 들어, '~을 해야 한다'는 'deber ~'이나, '~일 수도 있다'는 'deber de ~'를 사용한다.

4. 의미에 따른 분류(clasificación por el sentido)

의미적으로 크게 타동사, 자동사, 재귀동사로 분류한다. 의미란 모든 언어에 공통이므로 우리가 생각할 때 '무엇을'이 이어지면 타동사이고, 이 '무엇을'이 자신에게 돌아오면 재귀동사이며, 이 '무엇을'이 없으면 자동사라고 생각하면 쉽게 이해할 수 있다. 예를 들어, '가다'는 자동사이고, '씻기다'는 타동사이며, '나 자신을 씻기다' 즉, '씻다'가 되면 재귀동사이다.

5. 어미에 따른 분류(clasificación por la desinencia)

어미의 형태로 동사를 분류한다. 스페인어에서 동사의 어미는 '-ar/-er/-ir'가 있으며 여기에 재귀형이라 칭하는 '-arse/-erse/-irse'가 있다. 이때 재귀대명사 'se'는 인칭에 따라 'me'(나), 'te'(너), 'se'(당신/그/그녀), 'nos'(우리), 'os'(너희), 'se'(당신들/그들/그녀들)로 변화한다. 또한 이 'se'는 재귀화에만 사용되는 것이 아니라 다양한 기능을 갖는다.

6. 불구동사(verbo defectivo)

불구동사는 의미나 형태에 있어 온전하지 못하여 일부 인칭이나 일부 시제에 따른 동사 변화를 하게 된다. 예를 들어, 'soler'(종종 ~하다)는 의미상 완료나 미래가 불가능하므로 불구동사이다. 또한 자연 현상을 표현하는 동사도 여기에 속한다고 볼 수 있다. 자연 현상 동사들은 주어가 없이 3인칭 단수로만 변화하므로 '단인칭동사' 또는 '무인칭동사'로 칭하기도 한다. 때로는 뜻이 변화하여 모든 인칭에 사용되기도 한다. 예를 들어, 'amanecer'는 '동이 트다'는 뜻의 자연 현상 동사이므로 3인칭 단수 변화인 'Amanece.'(동이 튼다.)로 사용하나, '일찍 일어나다'는 뜻으로 사용되는 경우 모든 인칭 변화를 하게 된다. 또한 '일이 생기다'는 뜻의 'ocurrir'는 3인칭 변화만을 하므로 '단인칭동사'라 할 수 있다.

7. 인칭대명사 간접목적격과 함께 쓰이는 동사(verbo con los dativos)

어떤 동사들은 인칭대명사 주격(yo/tú/usted/él/ella/nosotros(nosotras)/vosotros(vosotras)/ustedes/ellos/ellas)을 주어로 사용하지 않고 의미상의 목적어가 주어처럼 동사 변화를 지배하며, 의미상의 주어는 인칭대명사 간접목적격으로 표현하게 된다. 예를 들어, '나는 사과를 좋아한다.'는 문장에서 '나'는 'yo'이지만 인칭대명사 주격인 'yo'를 사용하지 않고 인칭대명사 간접목적격인 'a mí' 또는 'me'를 사용한다. 이때 'me'는 단독으로 사용할 수 있으나 'a mí'는 단독으로 사용할 수 없다. 또한 동사 변화를 지배하는 의미상 목적어인 '사과'가 3인칭 단수이므로 '좋아하다'는 뜻의 동사 'gustar'는 3인칭 단수 변화인 'gusta'가 된다. 따라서 'A mí me gusta la manzana.' 또는 'Me gusta la manzana.'로 표현된다. 만약에 '사과'를 '사과들'로 복수로 표현하게 되면 'A mí me gustan las manzanas.' 또는 'Me gustan las manzanas.'로 표현된다.

8. 'se'의 용법(usos de 'se')

1) 타동사의 재귀화에 사용한다.

환자들을 씻겨야 합니다. Hay que lavar a los enfermos.

환자들은 씻습니다. Los enfermos se lavan.

2) 모든 사람에게 해당될 때 3인칭 단수로 사용한다. 다르게는 주어 없이 동사를 복수 3인칭으로 사용하여 표현한다.

스페인에서는 잘 삽니다. Se vive bien en España.

Viven bien en España.

3) 상호적 표현에 사용한다.

후안과 마리아는 서로 돕습니다. Juan y María se ayudan uno a otro.

- 'uno a otro'는 '서로'라는 뜻으로 의미를 보조한다. 다르게는 'unos a otros', 'recíprocamente', 'mutuamente'를 사용할 수 있다.)

4) 능동문의 구조로 수동의 뜻을 표현할 때 사용한다.

스페인어에서 수동문은 '조동사 ser + 과거분사 + por/de/en'의 형식으로 이루어지나, 행위자가 불명확하거나 일반적일 때는 'se'를 사용하여 표현한다.

감자를 팝니다. Se venden patatas.

- 'patatas'가 복수이므로 'venden'이 된 것이다.

아파트를 세 놓습니다. Se alquila un piso.

- 'piso'가 단수이므로 'alquila'가 된 것이다.

5) 전통적으로 재귀동사의 형태를 사용하나 늘 재귀의 뜻을 갖지는 않는 경우가 있다. 그 뒤에 주로 전치사 'de'가 온다.

나는 너에 대해 불만이다. Me quejo de ti.

- 동사의 원형은 'quejarse'이다.

6) 자동사가 'se'를 취할 경우에는 그 자동사의 뜻을 강조한다.

가니? ¿Vas?

진짜 가니? ¿Te vas?

7) 간접목적격과 직접목적격이 모두 3인칭이면서 함께 사용되는 경우에 앞에 놓이는 간접목적격은 'se'로 바뀐다. 예를 들어, '나는 그녀에게 그것을 주었다.'에서 '그녀'와 '그것'이 모두 3인칭이므로 본래 '그녀에게'에 해당하는 간접목적격인 'le'는 'se'로 바뀌어 'Se lo di.'로 표현된다. 이는 발음상의 이유이다.

9. 규칙변화와 불규칙변화(conjugación regular e irregular)

규칙변화와 불규칙변화가 있다. 많은 불규칙변화가 있으나 나름대로 규칙이 있어 그렇게 복잡하지는 않다. 따라서 동사 변화는 그때그때 외우면 그 나름의 규칙이 입에 익으므로 별로 어렵지 않게 외울 수 있다. 그러므로 동사 변화에서 중요한 것은 그때그때 소리내어 외우고 넘어가야 한다는 것이다.

10. 법, 시제, 인칭에 따른 변화(conjugación por el modo, el tiempo y la persona)

인칭, 시제, 법에 따라 변화한다. 인칭은 1인칭, 2인칭, 3인칭에 단수와 복수가 있으며 2인칭 존칭인 '당신'과 '당신들'은 동사 변화를 할 때 3인칭에 준한다. 시제는 현재와 현재완료, 과거와 과거완료, 미래와 미래완료가 있다. 단, 직설법의 과거는 불특정과거와 불완료과거, 두 가지가 있다. 법에는 직설법, 접속법, 명령법이 있으며 엄밀하게 법은 아니나 그에 준하는 가상미래형(가능법/조건법)이 있다. 완료형은 '조동사 haber + 과거분사'로 이루어진다.

11. 직설법(modo indicativo)

직접적이고 서술적인 표현에 사용한다.

∷ 직설법 현재(presente)

● 직설법 현재 규칙변화

	yo (나는)	tú (너는)	él(그는), ella(그녀는), usted (당신은)	nosotros (우리는)	vosotros (너희는)	ellos(그들은), ellas(그녀들은), ustedes (당신들은)
hablar(말하다)	hablo	hablas	habla	hablamos	habláis	hablan
comer(먹다)	como	comes	come	comemos	coméis	comen
vivir(살다)	vivo	vives	vive	vivimos	vivís	viven
hablarse	me hablo	te hablas	se habla	nos hablamos	os habláis	se hablan
comerse	me como	te comes	se come	nos comemos	os coméis	se comen
vivirse	me vivo	te vives	se vive	nos vivimos	os vivís	se viven

- 'nosotros'와 'vosotros'가 여자끼리만 있으면 'nosotras'와 'vosotras'로 사용할 수 있다.
- 'usted'과 'ustedes'는 인칭으로는 2인칭이나 동사 변화는 3인칭으로 한다.
- '-se'가 붙으면 다양한 뜻이 되므로 문장 내에서 살펴보아야 한다.

1) 현재의 사실을 표현할 때 사용한다.

나는 어느 강아지를 본다. Veo un perro.

2) 과거의 역사적 사실을 현재로도 표현한다.

콜럼버스는 신대륙을 발견하였다.

Cristóbal Colón descubre el Nuevo Mundo.

3) 가까운 미래를 표현할 때 사용한다.

이번 주말에 무엇을 할거니? ¿Qué haces este fin de semana?

4) 'si'부사절에서는 미래를 현재로 표현한다.

내일 비가 내리면 나는 집에 있겠다. Si llueve mañana quedaré en casa.

:: 직설법 현재완료(pretérito perfecto)

● **직설법 현재완료 규칙변화**

	yo(나는)	tú(너는)	él(그는), ella(그녀는), usted(당신은)	nosotros (우리는)	vosotros (너희는)	ellos(그들은), ellas(그녀들은), ustedes (당신들은)
hablar(말하다)	he hablado	has hablado	ha hablado	hemos hablado	habéis hablado	han hablado
comer(먹다)	he comido	has comido	ha comido	hemos comido	habéis comido	han comido
vivir(살다)	he vivido	has vivido	ha vivido	hemos vivido	habéis vivido	han vivido
hablarse	me he hablado	te has hablado	se ha hablado	nos hemos hablado	os habéis hablado	se han hablado
comerse	me he comido	te has comido	se ha comido	nos hemos comido	os habéis comido	se han comido
vivirse	me he vivido	te has vivido	se ha vivido	nos hemos vivido	os habéis vivido	se han vivido

● 완료는 조동사 'haber'와 과거분사로 만들어진다.

1) 과거로부터 시작하여 현재에 종결되는 사실을 표현한다. 직설법 불특정과거와 한국어로는 잘 구별되지 않는다. 그러나 현재완료는 어떤식으로든 현재이므로 과거를 나타내는 시간의 부사와는 함께 사용되지 않는다. 반면에 오늘(hoy), 이번 주(esta semana), 이번 달(este mes), 올해(este año) 등과는 함께 사용할 수 있다.

이제 숙제를 끝냈다. Ya he terminado la tarea.

올해는 수확이 좋았다. Este año hemos tenido buena cosecha.

2) '~을 해본 적이 있다/없다'를 표현할 때 사용한다.

나는 한 번도 스페인에 있어 본 적이 없다. Nunca he estado en España.

3) 어떤 결과가 현재에 남아 있을 때 사용한다.

장갑을 잃어버렸다. He perdido los guantes.

직설법 불특정과거(pretérito indefinido)

직설법 불특정과거 규칙변화

	yo (나는)	tú (너는)	él(그는), ella(그녀는), usted (당신은)	nosotros (우리는)	vosotros (너희는)	ellos(그들은), ellas(그녀들은), ustedes (당신들은)
hablar(말하다)	hablé	hablaste	habló	hablamos	hablasteis	hablaron
comer(먹다)	comí	comiste	comió	comimos	comisteis	comieron
vivir(살다)	viví	viviste	vivió	vivimos	vivisteis	vivieron
hablarse	me hablé	te hablaste	se habló	nos hablamos	os hablasteis	se hablaron
comerse	me comí	te comiste	se comió	nos comimos	os comisteis	se comieron
vivirse	me viví	te viviste	se vivió	nos vivimos	os vivisteis	se vivieron

과거의 사실을 일회적으로 표현할 때 사용한다.

콜럼버스는 신대륙을 발견하였다. Cristóbal Colón descubrió el Nuevo Mundo.

너는 지난 주말에 무엇을 했니? ¿Qué hiciste la semana pasada?

직설법 불특정과거완료(pretérito anterior)

● 직설법 불특정과거완료 규칙변화

	yo (나는)	tú (너는)	él(그는), ella(그녀는), usted (당신은)	nosotros (우리는)	vosotros (너희는)	ellos(그들은), ellas(그녀들은), ustedes (당신들은)
hablar(말하다)	hube hablado	hubiste hablado	hubo hablado	hubimos hablado	hubisteis hablado	hubieron hablado
comer(먹다)	hube comido	hubiste comido	hubo comido	hubimos comido	hubisteis comido	hubieron comido
vivir(살다)	hube vivido	hubiste vivido	hubo vivido	hubimos vivido	hubisteis vivido	hubieron vivido
hablarse	me hube hablado	te hubiste hablado	se hubo hablado	nos hubimos hablado	os hubisteis hablado	se hubieron hablado
comerse	me hube comido	te hubiste comido	se hubo comido	nos hubimos comido	os hubisteis comido	se hubieron comido
vivirse	me hube vivido	te hubiste vivido	se hubo vivido	nos hubimos vivido	os hubisteis vivido	se hubieron vivido

1) 과거를 기준 시점으로 하여 그 때 동사의 행위가 종결될 때 사용하나 거의 사용하지 않는다. 불특정과거가 과거의 사실을 일회적으로 표현하므로 여기에 완료가 사용되어도 거의 그 차이가 나지 않기 때문에 그냥 불특정과거로 사용한다.

그가 막 나가자마자 내가 들어갔다. En cuanto él hubo salido entré.

En cuanto él salió entré.

직설법 불완료과거(pretérito imperfecto)

● 직설법 불완료과거 규칙변화

	yo (나는)	tú (너는)	él(그는), ella(그녀는), usted (당신은)	nosotros (우리는)	vosotros (너희는)	ellos (그들은), ellas (그녀들은), ustedes (당신들은)
hablar(말하다)	hablaba	hablabas	hablaba	hablábamos	hablabais	hablaban
comer(먹다)	comía	comías	comía	comíamos	comíais	comían
vivir(살다)	vivía	vivías	vivía	vivíamos	vivíais	vivían
hablarse	me hablaba	te hablabas	se hablaba	nos hablábamos	os hablabais	se hablaban
comerse	me comía	te comías	se comía	nos comíamos	os comíais	se comían
vivirse	me vivía	te vivías	se vivía	nos vivíamos	os vivíais	se vivían

1) 과거 어느 정도의 지속성을 가진 사실을 표현할 때 사용한다. 그러므로 과거에서의 진행을 표현하고자 할 때 굳이 과거진행형의 형식을 사용하지 않고 불완료과거로 대신할 수 있다. 진행형은 '조동사 estar + 현재분사'로 이루어진다.

나는 어느 강아지를 보고 있었다. Veía un perro.

너는 지난 주말에 무엇을 하고 지냈니? ¿Qué hacías la semana pasada?

2) 과거의 불규칙한 습관을 표현할 때 사용한다.

지난 여름 나는 자주 바닷가에 가곤 하였다. El verano pasado iba a menudo a la playa.

3) 'querer/desear'(원하다) 등은 현재에서 직설법 불완료과거를 사용하여 겸손을 표현한다.

무엇을 원하시는지요? ¿Qué deseaba?

¿Qué quería?

직설법 불완료과거완료(pretérito pluscuamperfecto)

● 직설법 불완료과거완료 규칙변화

	yo (나는)	tú (너는)	él(그는), ella(그녀는), usted (당신은)	nosotros (우리는)	vosotros (너희는)	ellos(그들은), ellas(그녀들은), ustedes (당신들은)
hablar(말하다)	había hablado	habías hablado	había hablado	habíamos hablado	habíais hablado	habían hablado
comer(먹다)	había comido	habías comido	había comido	habíamos comido	habíais comido	habían comido
vivir(살다)	había vivido	habías vivido	había vivido	habíamos vivido	habíais vivido	habían vivido
hablarse	me había hablado	te habías hablado	se había hablado	nos habíamos hablado	os habíais hablado	se habían hablado
comerse	me había comido	te habías comido	se había comido	nos habíamos comido	os habíais comido	se habían comido
vivirse	me había vivido	te habías vivido	se había vivido	nos habíamos vivido	os habíais vivido	se habían vivido

1) 과거를 기준 시점으로 하여 그 때 동사의 행위가 종결될 때 사용한다.

네가 들어왔을 때 그는 이미 나갔다. Él ya había salido cuando entraste.

2) '~을 해본 적이 있었다/없었다'를 표현할 때 사용한다.

나는 한 번도 스페인에 있어 본 적이 없었다. Nunca había estado en España.

∷ 직설법 미래(futuro)

● 직설법 미래 규칙변화

	yo (나는)	tú (너는)	él(그는), ella(그녀는), usted (당신은)	nosotros (우리는)	vosotros (너희는)	ellos(그들은), ellas(그녀들은), ustedes (당신들은)
hablar(말하다)	hablaré	hablarás	hablará	hablaremos	hablaréis	hablarán
comer(먹다)	comeré	comerás	comerá	comeremos	comeréis	comerán
vivir(살다)	viviré	vivirás	vivirá	viviremos	viviréis	vivirán
hablarse	me hablaré	te hablarás	se hablará	nos hablaremos	os hablaréis	se hablarán
comerse	me comeré	te comerás	se comerá	nos comeremos	os comeréis	se comerán
vivirse	me viviré	te vivirás	se vivirá	nos viviremos	os viviréis	se vivirán

1) 미래의 사실을 표현할 때 사용한다. 가까운 미래는 'ir+a+inf.'로 표현할 수 있다.

내일 가겠다. — Iré mañana.

Voy a ir mañana.

2) 현재에서의 가능성이나 추측을 표현할 때 사용한다. 반면에 가상미래형은 시제와 상관없이 가능성이나 추측을 표현할 때 사용한다.

몇 시쯤 됐을까? — ¿Qué hora será?(직설법 미래)

¿Qué hora sería?(가상미래형)

3) 약한 명령을 표현한다.

집에 가겠지! — Irás a casa.

직설법 미래완료(futuro perfecto)

● **직설법 미래완료 규칙변화**

	yo (나는)	tú (너는)	él(그는), ella(그녀는), usted (당신은)	nosotros (우리는)	vosotros (너희는)	ellos(그들은), ellas (그녀들은), ustedes (당신들은)
hablar(말하다)	habré hablado	habrás hablado	habrá hablado	habremos hablado	habréis hablado	habrán hablado
comer(먹다)	habré comido	habrás comido	habrá comido	habremos comido	habréis comido	habrán comido
vivir(살다)	habré vivido	habrás vivido	habrá vivido	habremos vivido	habréis vivido	habrán vivido
hablarse	me habré hablado	te habrás hablado	se habrá hablado	nos habremos hablado	os habréis hablado	se habrán hablado
comerse	me habré comido	te habrás comido	se habrá comido	nos habremos comido	os habréis comido	se habrán comido
vivirse	me habré vivido	te habrás vivido	se habrá vivido	nos habremos vivido	os habréis vivido	se habrán vivido

1) 미래를 기준 시점으로 하여 그 때 동사의 행위가 종결될 때 사용한다.

나는 내년에 집에 돌아와 있을 것이다. Habré vuelto a casa el próximo año.

2) 현재완료를 사용하는 표현에 가능성이나 추측을 더해서 표현하게 되는 경우에 사용한다.

그가 돌아왔겠는데 나는 그를 보지 못했다. Él habrá vuelto, pero no le he visto.

12. 접속법(modo subjuntivo)

'주절 + que + 종속절'의 구조에서 종속절이 기능상 목적절이나 부사절이 되는 경우 종속절에 접속법을 사용한다. 단, 종속절이 목적절이 되는 경우는 주절과 종속절의 주어가 달라야 하며, 동시에 주절 동사의 의미가, '불확실/감정/청원/명령/조건/목적/금지/허용' 등의 뜻을 가지면 종속절의 동사는 접속법을 사용한다. 종속절이 부사절인 경우는 부사절의 의미가 '불확실/조건/목적' 등의 뜻을 가지면 종속절의 동사는 접속법을 사용한다. 접속법 미래와 미래완료는 거의 사용하지 않는다. 접속법 과거는 어미가 '-ra'형과 '-se'형 두 가지가 있으나, 그 중 어느 것을 사용해도 무방하다.

:: 접속법 현재(presente)

직설법 현재의 용법과 접속법 용법이 동시에 요구될 때 사용한다.

● 접속법 현재 규칙변화

	yo (나는)	tú (너는)	él(그는), ella(그녀는), usted (당신은)	nosotros (우리는)	vosotros (너희는)	ellos(그들은), ellas(그녀들은), ustedes (당신들은)
hablar(말하다)	hable	hables	hable	hablemos	habléis	hablen
comer(먹다)	coma	comas	coma	comamos	comáis	coman
vivir(살다)	viva	vivas	viva	vivamos	viváis	vivan
hablarse	me hable	te hables	se hable	nos hablemos	os habléis	se hablen
comerse	me coma	te comas	se coma	nos comamos	os comáis	se coman
vivirse	me viva	te vivas	se viva	nos vivamos	os viváis	se vivan

1) 주절의 동사가 불확실한 뜻을 표현할 때 사용한다.

나는 그가 많은 돈을 갖고 있다고 믿지 않는다. No creo que él tenga mucho dinero.

나는 그녀가 나를 안다고 확신하지 않는다. No estoy seguro de que ella me conozca.

2) 주절의 동사가 아직 일어나지 않은 것을 표현할 때 사용한다.

그가 나를 보면 인사를 할 것이다. Él me saludará cuando me vea.

3) 주절의 동사가 '원하다'는 뜻을 표현할 때 사용한다.

나는 네가 스페인어를 공부하기를 원한다.	Quiero que estudies español.

4) 주절의 동사가 '허락하다'는 뜻을 표현할 때 사용한다.

나는 네가 지금 나가는 것을 허락한다.	Te permito que salgas ahora.

5) 주절의 동사가 감정을 표현할 때 사용한다.

네가 여기 없는 것이 유감이다.	Siento que no estés aquí.

6) 주절의 동사가 명령을 표현할 때 사용한다.

나는 너에게 그를 도와주라고 말한다.	Yo te digo que le ayudes.
나는 그에게 떠날 것을 명한다.	Le mando que se marche.

7) 종속절이 목적을 표현할 때 사용한다.

나는 그들이 내 말을 잘 이해하도록 분명하게 말한다.	Hablo claro para que me entiendan bien.

8) 종속절이 조건을 표현할 때 사용한다.

네가 행동을 잘 한다면 밤마다 나갈 수 있다.	Con tal de que te portes bien puedes salir por las noches.

9) 종속절이 아직 일어나지 않은 것을 표현할 때 사용한다.

아무도 눈치채지 못한 채 빨리 나가자.	Salgamos pronto sin que nadie se de cuenta.

10) 'ser~ que~'구문에서 'verdad/cierto' 등 '확실하다'는 표현을 제외하고 종속절에서 접속법을 사용한다.

그가 돈이 많다는 것은 사실이 아니다.	No es verdad que él tenga mucho dinero.

∷ 접속법 현재완료(pretérito perfecto)

직설법 현재완료의 용법과 접속법 용법이 동시에 요구될 때 사용한다.

● 접속법 현재완료 규칙변화

	yo (나는)	tú (너는)	él(그는), ella(그녀는), usted (당신은)	nosotros (우리는)	vosotros (너희는)	ellos(그들은), ellas(그녀들은), ustedes (당신들은)
hablar(말하다)	haya hablado	hayas hablado	haya hablado	hayamos hablado	hayáis hablado	hayan hablado
comer(먹다)	haya comido	hayas comido	haya comido	hayamos comido	hayáis comido	hayan comido
vivir(살다)	haya vivido	hayas vivido	haya vivido	hayamos vivido	hayáis vivido	hayan vivido
hablarse	me haya hablado	te hayas hablado	se haya hablado	nos hayamos hablado	os hayáis hablado	se hayan hablado
comerse	me haya comido	te hayas comido	se haya comido	nos hayamos comido	os hayáis comido	se hayan comido
vivirse	me haya vivido	te hayas vivido	se haya vivido	nos hayamos vivido	os hayáis vivido	se hayan vivido

최근 물가가 올랐다는 것은 사실이 아닙니다.	No es verdad que haya subido la vida últimamente.
나는 그녀가 돌아왔다고 믿지 않는다.	No creo que ella haya vuelto.
나는 그가 떠났기를 바란다.	Espero que se haya marchado.
네가 돌아와서 고맙다.	Te agradezco que hayas vuelto.

접속법 과거(pretérito)

직설법 과거의 용법과 접속법 용법이 동시에 요구될 때 사용한다.

● 접속법 과거 규칙변화

	yo(나는)	tú(너는)	él(그는), ella(그녀는), usted (당신은)	nosotros (우리는)	vosotros (너희는)	ellos (그들은), ellas (그녀들은), ustedes (당신들은)
hablar(말하다)	hablara/ hablase	hablaras/ hablases	hablara/ hablase	habláramos/ hablásemos	hablarais/ hablaseis	hablaran/ hablasen
comer(먹다)	comiera/ comiese	comieras/ comieses	comiera/ comiese	comiéramos/ comiésemos	comierais/ comieseis	comieran/ comiesen
vivir(살다)	viviera/ viviese	vivieras/ vivieses	viviera/ viviese	viviéramos/ viviésemos	vivierais/ vivieseis	vivieran/ viviesen
hablarse	me hablara/ me hablase	te hablaras/ te hablases	se hablara/ se hablase	nos habláramos/ nos hablásemos	os hablarais/ os hablaseis	se hablaran/ se hablasen
comerse	me comiera/ me comiese	te comieras/ te comieses	se comiera/ se comiese	nos comiéramos/ nos comiésemos	os comierais/ os comieseis	se comieran/ se comiesen
vivirse	me viviera/ me viviese	te vivieras/ te vivieses	se viviera/ se viviese	nos viviéramos/ nos viviésemos	os vivierais/ os vivieseis	se vivieran/ se viviesen

1) 주절의 동사가 불확실한 뜻을 표현할 때 사용한다.

나는 그가 많은 돈을 갖고 있었다고 믿지 않았다. No creía que él tuviera(tuviese) mucho dinero.

나는 그녀가 나를 안다고 확신하지 않았다. No estaba seguro de que ella me conociera(conociese).

2) 주절의 동사가 '원하다'는 뜻을 표현할 때 사용한다.

나는 네가 스페인어를 공부하기를 원했었다. Quería que estudiaras(estudiases) español.

3) 주절의 동사가 '허락하다'는 뜻을 표현할 때 사용한다.

나는 네가 그 때 나가는 것을 허락했다.	Te permití que salieras(salieses) aquel momento.

4) 주절의 동사가 감정을 표현할 때 사용한다.

네가 여기 없었던 것이 유감이었다.	Sentía que no estuvieras(estuvieses) aquí.

5) 주절의 동사가 명령을 표현할 때 사용한다.

나는 너에게 그를 도와주라고 말했다.	Yo te dije que le ayudaras(ayudases).
나는 그에게 떠날 것을 명했다.	Le mandé que se marchara(marchase).

6) 종속절이 목적을 표현할 때 사용한다.

나는 그들이 내 말을 잘 이해하도록 분명하게 말했다.	Hablaba claro para que me entendieran(entendiesen) bien.

7) 종속절이 조건을 표현할 때 사용한다.

네가 행동을 잘 했더라면 밤마다 나갈 수 있었다.	Con tal de que te portaras(te portases) bien podías salir por las noches.

8) 종속절이 아직 일어나지 않은 것을 표현할 때 사용한다.

아무도 눈치채지 못한 채 빨리 나갔다.	Salimos pronto sin que nadie se diera(se diese) cuenta.

9) 'si 가정문'(현재 사실의 반대)에 사용한다. 현재 사실의 반대를 표현하는 가정문의 구조는 'si + 접속법 과거, 접속법 과거/가상미래형'이다.

내가 돈이 있다면 스페인으로 여행을 가겠지만.	Si tuviera(tuviese) dinero, viajara(viajase/viajaría) por España.

10) 'como si'(~처럼)의 표현은 보통 접속법 과거로 표현한다. 그러나 그 가능성의 정도가 매우 희박하며 주절이 과거일때 접속법 과거완료를 사용하기도 한다.

그녀는 마치 여자 아이처럼 운다.	Ella llora como si fuera(fuese) una niña.
그녀는 마치 여자 아이처럼 울었다.	Ella lloraba como si fuera(fuese) una niña.
	Ella lloraba como si hubiera(hubiese) sido una niña.

11) 접속법 과거는 주절에 사용하여 겸손을 표현한다.

마리아와 통화하고 싶습니다만.	Quisiera(Quisiese) hablar con María.

접속법 과거완료(pretérito pluscuamperfecto)

직설법 과거완료의 용법과 접속법 용법이 동시에 요구될 때 사용한다.

● 접속법 과거완료 규칙변화

	yo (나는)	tú (너는)	él(그는), ella(그녀는), usted (당신은)	nosotros (우리는)	vosotros (너희는)	ellos(그들은), ellas(그녀들은), ustedes (당신들은)
hablar (말하다)	hubiera hablado/ hubiese hablado	hubieras hablado/ hubieses hablado	hubiera hablado/ hubiese hablado	hubiéramos hablado/ hubiésemos hablado	hubierais hablado/ hubieseis hablado	hubieran hablado/ hubiesen hablado
comer (먹다)	hubiera comido/ hubiese comido	hubieras comido/ hubieses comido	hubiera comido/ hubiese comido	hubiéramos comido/ hubiésemos comido	hubierais comido/ hubieseis comido	hubieran comido/ hubiesen comido
vivir (살다)	hubiera vivido/ hubiese vivido	hubieras vivido/ hubieses vivido	hubiera vivido/ hubiese vivido	hubiéramos vivido/ hubiésemos vivido	hubierais vivido/ hubieseis vivido	hubieran vivido/ hubiesen vivido
hablarse	me hubiera hablado/ me hubiese hablado	te hubieras hablado/ te hubieses hablado	se hubiera hablado/ se hubiese hablado	nos hubiéramos hablado/ nos hubiésemos hablado	os hubierais hablado/ os hubieseis hablado	se hubieran hablado/ se hubiesen hablado
comerse	me hubiera comido/ me hubiese comido	te hubieras comido/ te hubieses comido	se hubiera comido/ se hubiese comido	nos hubiéramos comido/ nos hubiésemos comido	os hubierais comido/ os hubieseis comido	se hubieran comido/ se hubiesen comido
vivirse	me hubiera vivido/ me hubiese vivido	te hubieras vivido/ te hubieses vivido	se hubiera vivido/ se hubiese vivido	nos hubiéramos vivido/ nos hubiésemos vivido	os hubierais vivido/ os hubieseis vivido	se hubieran vivido/ se hubiesen vivido

1) 주절의 동사가 불확실한 뜻을 표현할 때 사용한다.

당시에 물가가 올랐었다는 것은 사실이 아니었다. No era verdad que hubiera(hubiese) subido la vida aquel entonces.

나는 그녀가 돌아왔었다고 믿지 않았다. No creía que ella hubiera(hubiese) vuelto.

2) 주절의 동사가 '원하다'는 뜻을 표현할 때 사용한다.

나는 그가 떠났었기를 원했었다. Esperaba que se hubiera(hubiese) marchado.

3) 'si 가정문'(과거 사실의 반대)에 사용한다. 과거 사실의 반대를 표현하는 가정문의 구조는 'si + 접속법 과거완료, 접속법 과거완료/가상미래형 완료'이다.

내가 돈이 있었더라면 스페인으로 여행을 갔었겠지만. Si hubiera(hubiese) tenido dinero, hubiera(hubiese/habría) viajado por España.

접속법 미래(futuro)

직설법 미래의 용법과 접속법 용법이 동시에 요구될 때 사용한다.

● 접속법 미래 규칙변화

	yo(나는)	tú(너는)	él(그는), ella(그녀는), usted(당신은)	nosotros(우리는)	vosotros(너희는)	ellos(그들은), ellas(그녀들은), ustedes(당신들은)
hablar(말하다)	hablare	hablares	hablare	habláremos	hablareis	hablaren
comer(먹다)	comiere	comieres	comiere	comiéremos	comiereis	comieren
vivir(살다)	viviere	vivieres	viviere	viviéremos	viviereis	vivieren
hablarse	me hablare	te hablares	se hablare	nos habláremos	os hablareis	se hablaren
comerse	me comiere	te comieres	se comiere	nos comiéremos	os comiereis	se comieren
vivirse	me viviere	te vivieres	se viviere	nos viviéremos	os viviereis	se vivieren

네가 내년에 여기 없을 거라면 유감일 것이다. Sentiría que no estuvieres aquí el año próximo.

:: 접속법 미래완료(futuro perfecto)

직설법 미래완료의 용법과 접속법 용법이 동시에 요구될 때 사용한다. 그러나 실생활에서 잘 활용하지 않는 시제이다.

● 접속법 미래완료 규칙변화

	yo(나는)	tú(너는)	él(그는), ella(그녀는), usted (당신은)	nosotros (우리는)	vosotros (너희는)	ellos(그들은), ellas (그녀들은), ustedes (당신들은)
hablar(말하다)	hubiere hablado	hubieres hablado	hubiere hablado	hubiéremos hablado	hubiereis hablado	hubieren hablado
comer(먹다)	hubiere comido	hubieres comido	hubiere comido	hubiéremos comido	hubiereis comido	hubieren comido
vivir(살다)	hubiere vivido	hubieres vivido	hubiere vivido	hubiéremos vivido	hubiereis vivido	hubieren vivido
hablarse	me hubiere hablado	te hubieres hablado	se hubiere hablado	nos hubiéremos hablado	os hubiereis hablado	se hubieren hablado
comerse	me hubiere comido	te hubieres comido	se hubiere comido	nos hubiéremos comido	os hubiereis comido	se hubieren comido
vivirse	me hubiere vivido	te hubieres vivido	se hubiere vivido	nos hubiéremos vivido	os hubiereis vivido	se hubieren vivido

나는 그가 떠나버렸기를 바랄 것이다. Esperaré que se hubiere marchado.

∷ 종속절만 있는 접속법 구문(solo con oración subordinada)

주절에서 동사가 '원하다'는 일반적인 뜻을 가지며 생략될 때 접속법이 사용된 종속절만 단독으로 사용할 수도 있다.

스페인어를 공부하기를!	¡Que estudies español!

∷ Ojalá 기원문(oración exhortativa)

'Ojalá'(제발)와 함께 접속법을 사용하여 기원문을 만든다. 이때 접속법 현재와 접속법 과거를 다 사용할 수 있는데, 그 실현 가능성이 좀 더 희박한 경우 접속법 과거를 사용한다.

제발 네가 돈을 아끼기를!	¡Ojalá ahorres dinero!
제발 네가 돈을 아끼기를!	¡Ojalá ahorraras(ahorrases) dinero!

13. 명령법(modo imperativo)

● 명령법 규칙변화

	tú (너는)	usted (당신은)	nosotros (우리는)	vosotros (너희는)	ustedes (당신들은)
hablar(말하다)	habla	hable	hablemos	hablad	hablen
comer(먹다)	come	coma	comamos	comed	coman
vivir(살다)	vive	viva	vivamos	vivid	vivan
hablarse	háblate	háblese	hablémonos	hablaos	háblense
comerse	cómete	cómase	comámonos	comeos	cómanse
vivirse	vívete	vívase	vivámonos	vivíos	vívanse

명령을 표현하므로 2인칭 단수와 2인칭 복수에만 사용한다. 긍정 명령과 부정 명령이 있으며, 'tú'와 'vosotros(vosotras)'의 긍정 명령을 제외한 모든 명령형은 접속법 어미 활용을 한다. 복수 1인칭은 '~합시다'가 되며, 이는 접속법 복수 1인칭으로 표현하거나

'vamos + a + inf.'로 표현한다. 긍정 명령에서 목적격 또는 재귀대명사와 함께 쓰일 경우, 목적격 또는 재귀대명사는 동사 바로 뒤에 붙여서 쓰되, 이로 인해 본래 동사에 오게 되는 강세의 위치가 변하게 되면 본래 동사의 강세 위치에 강세 표기를 해야 한다. 이는 동사와 목적격이 합성된 것이지 본래 하나의 낱말이 아님을 표시하기 위함이다. 재귀동사류의 긍정 명령인 경우 2인칭 복수(너희 ~하라)에서는 어미 '-d'가 생략되며, 재귀동사류의 긍정 청유문인 1인칭 복수(우리 ~합시다)에서는 어미 '-s'가 생략된다.
여기서 주의할 점은 재귀형이 되면 뜻이 아주 이상하게 되는 경우가 있다는 것이다. 예를 들어 'comerse'는 일반적으로 '먹어버리다'라는 뜻을 가지나, '서로 먹어버리다'는 뜻을 배제할 수 없기 때문에, 'comámonos'의 경우, '우리 서로 먹어버리자.'는 엽기적인 해석이 가능하게 된다. 이는 '재귀'의 본래의 뜻이 동사의 행위가 자신에게 행해지는 것을 뜻하기 때문이다. 스페인어에서의 재귀형은 본래의 '재귀'의 뜻에서 강조, 행위의 완료, 수동, 상호, 등으로 확장되어 사용되므로 이렇게 혼란의 여지가 생기게 된다. 그러므로 '우리, 이것을 다 먹어버리자.'라는 뜻을 표현하고자 할 때는 'Vamos a comerlo todo.' 또는 'Comámoslo todo.'로 할 수 있다. 그럼에도 불구하고 단수에서는 이것이 가능하여 '강조'의 뜻을 갖는다. 예를 들어, 'Cómete'는 '너 자신을 먹어라.'가 아니라 '먹어버려라.'는 뜻으로 강조를 표현한다. 따라서 도표에서는 의미를 떠나 동사 변화의 형태를 제시한 것이므로 실제 상황에서는 문맥상의 뜻에 따라 사용하여야 한다.

너, 그녀에게 지금 전화해라.	Llámala ahora.
너, 그녀에게 지금 전화하지 마라.	No la llames ahora.
너희들, 조용히 해라.	Callaos.
너희들, 조용히 하지 마라.	No os calléis.
당신, 앉으십시오.	Siéntese.
당신, 앉지 마십시오.	No se siente.
당신들, 들어오십시오.	Entren.
당신들, 들어오지 마십시오.	No se entren.

나갑시다.	Vamos a salir.
	Salgamos.
나가지 맙시다.	No vamos a salir.
	No salgamos.
너희들, 일찍 일어나라.	Levantaos temprano.
너희들, 일찍 일어나지 말아라.	No os levantéis temprano.
우리, 일어납시다.	Vamos a levantarnos.
	Levantémonos
우리, 일어나지 맙시다.	No nos levantemos.

14. 가상미래형(futuro hipotético)

● 단순형 규칙변화(forma simple)

	yo(나는)	tú(너는)	él(그는), ella(그녀는), usted (당신은)	nosotros (우리는)	vosotros (너희는)	ellos (그들은), ellas (그녀들은), ustedes (당신들은)
hablar(말하다)	hablaría	hablarías	hablaría	hablaríamos	hablaríais	hablarían
comer(먹다)	comería	comerías	comería	comeríamos	comeríais	comerían
vivir(살다)	viviría	vivirías	viviría	viviríamos	viviríais	vivirían
hablarse	me hablaría	te hablarías	se hablaría	nos hablaríamos	os hablaríais	se hablarían
comerse	me comería	te comerías	se comería	nos comeríamos	os comeríais	se comerían
vivirse	me viviría	te vivirías	se viviría	nos viviríamos	os viviríais	se vivirían

1) 과거 시점에서 미래를 표현할 때 사용한다.

그는 나에게 그 다음날 돌아올 것이라고 말했다.	Él me dijo que regresaría al día siguiente.

2) 시제와 상관없이 가능성을 표현할 때 사용한다.

몇 시쯤 됐을까?	¿Qué hora sería?
몇 시쯤 됐었을까?	¿Qué hora sería?/ ¿Qué hora habría sido?

3) 겸손을 표현할 때 사용한다.

말해도 될까요?	¿Podría hablar?

4) 가정문에 사용할 수 있다.

내가 돈이 있다면 스페인으로 여행을 가겠지만.	Si tuviera(tuviese) dinero, viajara(viajase/viajaría) por España.
내가 돈이 있었더라면 스페인으로 여행을 갔었겠지만.	Si hubiera(hubiese) tenido dinero, hubiera(hubiese/habría) viajado por España.

● **복합형 규칙변화(forma compuesta)**

	yo(나는)	tú(너는)	él(그는), ella(그녀는), usted (당신은)	nosotros (우리는)	vosotros (너희는)	ellos(그들은), ellas (그녀들은), ustedes (당신들은)
hablar(말하다)	habría hablado	habrías hablado	habría hablado	habríamos hablado	habríais hablado	habrían hablado
comer(먹다)	habría comido	habrías comido	habría comido	habríamos comido	habríais comido	habrían comido
vivir(살다)	habría vivido	habrías vivido	habría vivido	habríamos vivido	habríais vivido	habrían vivido
hablarse	me habría hablado	te habrías hablado	se habría hablado	nos habríamos hablado	os habríais hablado	se habrían hablado
comerse	me habría comido	te habrías comido	se habría comido	nos habríamos comido	os habríais comido	se habrían comido
vivirse	me habría vivido	te habrías vivido	se habría vivido	nos habríamos vivido	os habríais vivido	se habrían vivido

주로 'si 가정문'(과거 사실의 반대)에 사용한다.

내가 돈이 있었더라면
스페인으로 여행을 갔었겠지만.

Si hubiera(hubiese) tenido dinero,
hubiera(hubiese/habría) viajado por España.

15. 원형동사(infinitivo)

동사 원형은 문장 내에서 명사화가 되어 남성 단수 명사로 사용되거나, 다른 품사와 함께 구를 만들거나, 목적보어를 필요로 하는 목적어의 목적보어 기능을 한다.

1) 남성 단수 명사로 사용한다.

스페인어를 공부하는 것은 재미있다.

El estudiar español es interesante.

2) 다른 품사와 함께 구를 만든다.

나는 그 말을 감히 못하겠다. No me atrevo a decir tal palabra.

나는 부동산에 투자할 것을 생각한다. Pienso en invertir en fincas.

3) 목적보어의 기능을 한다.

나는 까르멘이 노래 부르는 소리를 들었다. La oía a Carmen cantar.

4) 'al + inf.'는 '~할 때'라는 뜻이다.

내가 집을 나설 때 비가 내리기 시작했다. Al salir yo de casa empezó a llover.

5) 인칭대명사 목적격 또는 재귀대명사와 함께 쓰일 경우, 긍정 명령과 같이 원형동사 뒤에 그 목적격이나 재귀대명사를 붙여 쓰되 원형동사 본래의 강세의 위치가 변하게 되면 원형동사 본래의 강세 자리에 강세 표기를 해야 한다. 단, 그 목적격이나 재귀대명사를 긍정 명령과는 다르게 반드시 원형동사에 붙여 쓰지 않아도 된다.

나는 그것을 배우고 싶다. Quiero aprenderlo.
Lo quiero aprender.

나는 너에게 이것을 주고 싶다. Quiero dártelo.
Te lo quiero dar.

16. 현재분사(gerundio)

조동사 'estar'와 함께 진행형을 만든다. 또는 부가적 상황을 표현할 때 사용하거나 독립적으로 현재분사 구문에 사용한다. 규칙 형태는 동사의 어미가 '-ar'로 끝나면 '-ando', 동사의 어미가 '-er/-ir'로 끝나면 '-iendo'가 되며 불규칙 형태가 있다. 불규칙 형태는 동사 변화표에 표기되어 있다.

1) 조동사 'estar'와 함께 진행형을 만든다.

나는 일하고 있다.	Estoy trabajando.
비가 내리고 있다.	Está lloviendo.

2) 부가적 상황을 표현할 때 사용한다.

에스떼반은 색을 섞어서 그림을 그린다.	Esteban pinta mezclando los colores.
아이들이 뛰어 온다.	Los chicos vienen corriendo.

3) 독립 현재분사 구문으로 사용한다.

정원을 산책하고 있을 때 마리아가 우는 것을 보았다.	Paseando por el jardín la vi a María llorar.

4) 인칭대명사 목적격 또는 재귀대명사와 함께 쓰일 경우, 긍정 명령과 같이 현재분사 뒤에 그 목적격이나 재귀대명사를 붙여 쓰되 현재분사 본래의 강세의 위치가 변하게 되면 현재분사 본래의 강세 자리에 강세 표기를 해야 한다. 단, 그 목적격이나 재귀대명사를 긍정 명령과는 다르게 반드시 현재분사에 붙여 쓰지 않아도 된다.

나는 그것을 배우고 있다.	Estoy aprendiéndolo.
	Lo estoy aprendiendo.

17. 과거분사(participio pasado)

조동사 'haber'와 함께 완료형을 만든다. 또는 형용사처럼 사용하거나 독립적으로 과거분사 구문에 사용한다. 규칙 형태는 동사의 어미가 '-ar'로 끝나면 '-ado', 동사의 어미가 '-er/-ir'로 끝나면 '-ido'가 되며 불규칙 형태가 있다. 불규칙 형태는 동사 변화표에 표기되어 있다. 형용사처럼 사용할 때는 수식할 명사의 성·수에 일치시킨다. 즉, '버릇없는 남자 아이'는 'un niño maleducado'이고, '버릇없는 여자 아이'는 'una niña maleducada'이며, '버릇없는 남자 아이들'은 'unos niños maleducados'이고, '버릇없는 여자 아이들'은 'unas niñas maleducadas'이다.

1) 조동사 'haber'와 함께 완료형을 만든다.

우리는 아직 점심을 먹지 않았습니다.	Aún no hemos almorzado.
네가 전화했을 때 나는 이미 나가고 없었다.	Ya había salido de casa cuando me llamaste.
내가 내일 도착해 있을 거다.	Habré llegado mañana.

2) 형용사처럼 사용한다.

나는 길을 잃었다.	Estoy perdido.
그녀는 길을 잃었다.	Está perdida.

3) 독립적으로 과거분사 구문에 사용한다.

수업이 끝난 후에 나가겠다.	Terminada la clase, saldré.

4) 동사 'tener'와 함께 완료의 뜻을 표현한다. 이때 과거분사는 형용사처럼 사용되는 경우와 마찬가지로 뒤에 나오는 목적어와 성·수의 일치를 하게 된다.

나는 편지를 써두었다.	Tengo escritas las cartas.

5) 규칙과 불규칙, 두 개의 형태가 있는 과거분사는 일반적으로 조동사 'haber'와 함께 완료형을 만들 때는 규칙형을, 형용사적으로 사용될 때는 불규칙형을 사용한다. 동사 변화표에 있는 과거분사 불규칙형 외의 불규칙형은 다음과 같다 :

동사 원형	의미	규칙변화형	불규칙변화형	명사
abrir	열다		abierto	el abrimiento/la apertura
absolver	사면하다		absuelto	la absolución
absorber	흡수하다	absorbido	absorto	la absorción
abstraer	추출하다	abstraído	abstracto	la abstracción
afligir	슬프게 하다	afligido	aflicto	la aflicción
adscribir	임명하다		adscrito	la adscripción
ahitar	배탈이 나게 하다	ahitado	ahíto	el ahíto
atender	주의하다	atendido	atento	la atención
bendecir	축복하다	bendecido	bendito	la bendición
bienquerer	존경하다	bienquerido	bienquiso	la bienquerencia
circuncidar	할례를 하다	circuncidado	circunciso	la circuncisión
circunscribir	에워싸다		circunscrito	la circunscripción
compeler	강요하다	compelido	compulso	la compulsión
comprender	이해하다	comprendido	comprenso	la comprensión
comprimir	압축하다	comprimido	compreso	la compresión
concluir	결론짓다	concluido	concluso	la conclusión
confesar	고백하다	confesado	confeso	la confesión
confundir	혼동하다	confundido	confuso	la confusión
consumir	소비하다	consumido	consunto	el consumo/la consumición
contundir	타박상을 입히다	contundido	contuso	la contusión
convencer	납득시키다	convencido	convicto	la convicción
convertir	변화시키다	convertido	converso	la conversión
corregir	교정하다	corregido	correcto	la corrección
corromper	썩히다	corrompido	corrupto	la corrupción
cubrir	덮다		cubierto	el cubrimiento
describir	묘사하다		descrito	la descripción
descubrir	발견하다		descubierto	el descubrimiento
desenvolver	전개시키다		desenvuelto	el desenvolvimiento

동사 원형	의미	규칙변화형	불규칙변화형	명사
despertar	잠을 깨우다	despertado	despierto	el despertamiento
desproveer	빼앗다	desproveído	desprovisto	la desprovisión
devolver	돌려주다		devuelto	la devolución
difundir	유포하다	difundido	difuso	la difusión
disolver	녹이다		disuelto	la disolución
dividir	나누다	dividido	diviso	la división
elegir	선출하다	elegido	electo	la elección
encubrir	감추다		encubierto	el encubrimiento/la encubierta
enjugar	젖은 것을 말리다	enjugado	enjuto	la enjutez
entreabrir	반 쯤 열다		entreabierto	el entreabrimiento
envolver	포장하다		envuelto	el envolvimiento/la envoltura
escribir	필기하다		escrito	la escritura
excluir	배제하다	excluido	excluso	la exclusión
eximir	면제하다	eximido	exento	la exención
expeler	추방하다	expelido	expulso	la expulsión
expresar	표현하다	expresado	expreso	la expresión
extender	넓히다	extendido	extenso	la extensión
extinguir	끄다	extinguido	extinto	la extinción
fijar	고정시키다	fijado	fijo	la fijeza/la fijación
freír	튀기다	freído	frito	la fritada/el frito
hartar	포식하다	hartado	harto	la hartada/el hartazgo
imprimir	인쇄하다	imprimido	impreso	la impresión
incluir	포함하다	incluido	incluso	la inclusión
incurrir	저지르다	incurrido	incurso	el incurrimiento
infundir	감응케 하다	infundido	infuso	la infusión
ingerir	섭취한다	ingerido	ingerto	la ingestión
injertar	접목하다	injertado	injerto	el injerto

동사 원형	의미	규칙변화형	불규칙변화형	명사
inscribir	등록하다		inscrito	la inscripción
insertar	삽입하다	insertado	inserto	la inserción
invertir	투자하다	invertido	inverso	la inversión
juntar	모으다	juntado	junto	la junta
maldecir	저주하다	maldecido	maldito	la maldición
malquerer	원망하다	malquerido	malquiso	la malquerencia
manifestar	표명하다	manifestado	manifiesto	la manifestación
manumitir	해방하다	manumitido	manumiso	la manumisión
manuscribir	손으로 쓰다		manuscrito	el manuscrito
marchitar	시들게 하다	marchitado	marchito	el marchitamiento/la marchitez
morir	죽다		muerto	la muerte
nacer	태어나다	nacido	nato	el nacimiento
omitir	생략하다	omitido	omiso	la omisión
oprimir	억압하다	oprimido	opreso	la opresión
pasar	지나가다/지내다	pasado	paso	el paso/el pasamiento
poseer	소유하다	poseído	poseso	la posesión
predecir	예언하다	predecido	predicho	la predicción
prender	붙잡다	prendido	preso	la prensión
prescribir	처방하다		prescrito	la prescripción
presumir	짐작하다	presumido	presunto	la presunción
pretender	~척하다	pretendido	pretenso	la pretensión
propender	경향이 있다	propendido	propenso	la propensión
proscribir	추방하다		proscrito	la proscripción
proveer	공급하다	proveído	provisto	la provisión
pudrir	썩히다/썩다		podrido	la podredura/el podrecimiento
radiodifundir	방송하다	radiodifundido	radiodifuso	la radiodifusión
raer	깎다	raído	raso	la raedura

동사 원형	의미	규칙변화형	불규칙변화형	명사
reabrir	재개하다		reabierto	la reapertura
recluir	감금하다	recluido	recluso	la reclusión
recubrir	다시 씌우다		recubierto	el recubrimiento
refreír	다시 튀기다	refreído	refrito	la refritada/el refrito
regir	지배하다	regido	recto	el regimiento
reimprimir	인쇄를 재판하다	reimprimido	reimpreso	la reimpresión
reinscribir	재가입하다		reinscrito	la reinscripción
reinsertar	재삽입하다	reinsertado	reinserto	la reinserción
resolver	해결하다		resuelto	la resolución
retorcer	비틀다	retorcido	retuerto	la retorcedura
revolver	돌아오다		revuelto	el revolvimiento
romper	깨뜨리다		roto	el rompimiento
salpresar	간을 맞추다	salpresado	salpreso	la salpresión
salvar	구출하다	salvado	salvo	la salvación
sepultar	매장하다	sepultado	sepulto	la sepultación
sobreimprimir	덧인쇄하다	sobreimprimido	sobreimpreso	la sobreimpresión
sofreír	기름에 살짝 튀기다	sofreído	sofrito	la sofritada/el sofrito
soltar	풀어주다	soltado	suelto	la soltura
sustituir	대체하다	sustituido	substituto	la sustitución
sujetar	단단히 붙들다	sujetado	sujeto	la sujeción
suprimir	폐지하다	suprimido	supreso	la supresión
suscribir	신청하다		suscrito	la suscripción
suspender	보류하다	suspendido	suspenso	la suspensión
teñir	물들이다	teñido	tinto	la teñidura/el tinte
torcer	비틀다	torcido	tuerto	la torcedura
torrefactar	커피를 볶다	torrefactado	torrefacto	la torrefacción
transcribir	옮겨 적다		transcrito	la transcripción
volver	돌아오다		vuelto	la vuelta

간편 문법

breve gramática

인칭대명사 pronombre personal

인칭대명사는 인칭을 지칭하는 대명사로 주격(~는), 간접목적격(~에게), 직접목적격(~을), 소유격(~의), 전치사격(전치사와 함께 쓰일 때)이 있다.

:: 주격(nominativo)

● **인칭대명사 주격 (~은, ~는, ~이, ~가)**

수 / 인칭	단수	복수
1인칭	yo(나는)	nosotros(우리는) nosotras(여자들끼리만 있을 때)
2인칭	tú(너는) usted(당신은)	vosotros(너희는) vosotras(여자들끼리만 있을 때) ustedes(당신들은)
3인칭	él(그는) ella(그녀는)	ellos(그들은) ellas(그녀들은)

▶ 영어의 'I'와는 다르게 스페인어의 'yo'는 문장의 처음에 올 때만 대문자로 사용한다.

▶ 여자들끼리만 있을 때 'nosotras'(우리) 또는 'vosotras'(너희)를 사용한다.

▶ 'usted'(당신)과 'ustedes'(당신들)는 2인칭 존칭이다. 그러나 동사 변화 등, 모든 경우 3인칭에 준한다. 또한 우리나라처럼 존칭 사용이 일반적이지 않아, 특별히 공식적인 경우가 아니면 나이와 상관없이 주로 'tú'를 사용한다.

▶ 'usted'은 약자로 'Ud.' 또는 'Vd.'로, 'ustedes'는 'Uds.' 또는 'Vds.'로 사용한다.

▶ 중성대명사 주격은 'ello'(그것은)이다.

간접목적격(dativo)

인칭대명사 간접목적격(~에게)

수 / 인칭	단수	복수
1인칭	(a mí) me (나에게)	(a nosotros) nos (우리에게)
2인칭	(a ti) te (너에게) (a usted) le (당신에게)	(a vostoros) os (너희에게) (a ustedes) les (당신들에게)
3인칭	(a él) le (그에게) (a ella) le (그녀에게)	(a ellos) les (그들에게) (a ellas) les (그녀들에게)

▶ 'a mí'는 전치사 'a'와 함께 쓰일 때의 인칭대명사 전치사격으로 인칭대명사 간접목적격인 'me'와 같은 뜻을 갖는다. 그러나 'me'는 단독으로 쓰일 수 있고 'a mí'는 'me'와 함께 쓰여 뜻을 강조하게 된다. 또한 함께 쓸 때는 'a mí me'의 순서로 써야 한다. 즉, 'me a mí'로는 사용하지 않는다는 것이다.

나에게 주는거야? ¿Me lo das?
¿A mí me lo das?
¿Me lo das a mí?

어떤 동사들은 인칭대명사 간접목적격과 함께 쓰이며 실제로 동사를 지배하는 것은 동사 뒤에 나오는 낱말이다.

내가 네 마음에 드니? ¿(A ti) Te gusto yo?

나는 사과를 좋아한다. (A mí) Me gustan las manzanas.

나는 춤추기를 좋아한다. (A mí) Me gusta bailar.

➡ 동사 원형은 명사로 사용될 때 남성 단수로 취급하여 특정관사 'el'을 사용하나 종종 생략된다: el bailar

∷ 직접목적격(acusativo)

● 인칭대명사 직접목적격 (~을, ~를)

수 / 인칭	단수	복수
1인칭	(a mí) me (나를)	(a nosotros) nos (우리를)
2인칭	(a ti) te (너를) (a usted) le/lo (당신을)	(a vosotros) os (너희를) (a ustedes) les/los (당신들을)
3인칭	lo(남성 단수인 그것을), la(여성 단수인 그것을) (a él) le / lo (그를) (a ella) la (그녀를)	los(남성 복수인 그것들을), las(여성 복수인 그것들을) (a ellos) les / los (그들을) (a ellas) las

▶ 직접목적격은 변화 동사 앞에 위치한다.

▶ 간접목적격과 직접목적격이 함께 나오는 경우, 간접목적격이 먼저 나온다. 긍정 명령에서 동사 뒤에 붙여 쓰는 경우도 간접목적격을 먼저 쓰고, 띄우지 않고 붙여서 그 뒤에 직접목적격을 써준다.

▶ 간접목적격과 직접목적격이 모두 3인칭인 경우, 간접목적격을 '-se'로 바꿔주어야 한다. 이는 순전히 발음상의 이유이다.

나는 너에게 그것을(남성 단수) 준다. Te lo doy.

그는 그녀에게 그것을(여성 단수) 준다. Se la da.

▶ '당신을/그를'과 (le/lo)과 '당신들을/그들을'(les/los)에서 'le/les'를 사용하면 'leísmo'라 하고, 'lo/los'를 사용하면 'loísmo'라 한다. 스페인에서는 'leísmo'가, 중남미에서는 'loísmo'가 주로 쓰인다.

소유격(posesivo)

● 인칭대명사 소유격 전치형(antepuesto)

수 / 의미	단수	복수
나의	mi	mis
너의	tu	tus
그의/그녀의	su	sus
우리의	nuestro / nuestra	nuestros / nuestras
너희의	vuestro / vuestra	vuestros / vuestras
당신(들)의	su	sus

● 인칭대명사 소유격 후치형(pospuesto)

수 / 인칭	단수	복수
yo	mío / mía	míos / mías
tú	tuyo / tuya	tuyos / tuyas
él, ella	suyo / suya	suyos / suyas
nosotros	nuestro / nuestra	nuestros / nuestras
vosotros	vuestro / vuestra	vuestros / vuestras
usted ustedes	suyo / suya	suyos / suyas

▶ 'ser' 동사의 보어로 사용될 때나 강조할 때 쓰인다. 또한 '특정관사 + 소유격 후치형'은 대명사가 되며 'ser'동사의 보어로 사용될 때는 역시 특정관사를 생략하게 된다:

아들아! ¡Hijo mío!

나의 것(여성 단수)은 너의 것(여성 단수)과 다르다. La mía es distinta de la tuya.

:: 전치사격(preposicional)

● 인칭대명사 전치사격

▶ 인칭대명사가 전치사와 함께 쓰일 때 'yo'는 'mí', 'tú'는 'ti'가 되며 'conmigo(나와 함께)', 'contigo(너와 함께)', 'consigo(자기 자신과 함께)'는 예외적이다. '~자신'이라고 할 때는 'mismo'를 덧붙여 사용한다:

나를 위하여	para mí
너 때문에	por ti
그와 함께	con él
우리의	de nosotros
당신과 함께	con usted

➡ '자기 자신을 위하여'라는 뜻으로는 'para sí'를 사용한다.

관사 artículo

특정관사(definido)

'특정한'의 뜻으로 사용한다:

el libro	책(남성 단수)
los libros	책들(남성 복수)
la casa	집(여성 단수)
las casas	집들(여성 복수)

▶ 뒤에 나오는 명사의 성과 수에 따라 변화를 한다.

불특정관사(indefinido)

'어떤' 또는 '하나의'의 뜻으로 사용한다. 복수일 때는 '약간의'라는 뜻을 갖는다:

un libro	어떤/하나의 책(남성 단수)
unos libros	몇 권의 책(남성 복수)
una casa	어떤/하나의 집(여성 단수)
unas casas	몇 채의 집(여성 복수)

▶ 뒤에 나오는 명사의 성과 수에 따라 변화를 한다. 또한 불특정관사 'un'은 단음절이라도 강세를 갖는다.

관사 생략(omisión del artículo)

언어를 말하다, 배우다, 가르치다 등의 경우:

나는 스페인어를 말한다.	Yo hablo español.

동사 'ser'의 보어로 신분을 뜻하는 경우:

나는 학생입니다. | Yo soy estudiante.

➡ 그러나 보어가 수식이 되면 불특정관사를 사용한다:

나는 좋은 학생입니다. | Yo soy un buen estudiante.

호칭일 때:

김 선생님(하고 부를 때) | Sr. Kim.

어떤 동사들은 주로 관사를 생략한다:

집에는 아이들이 있다. | Hay niños en casa.

나는 돈이 있다. | Tengo dinero.

물질명사는 대부분 관사를 생략한다:

나는 커피를 마신다. | Tomo café.

두 낱말이 합쳐져 합성어가 되는 경우, 뒤에 오는 낱말:

버터빵 | el pan con mantequilla

비즈니스맨 | el hombre de negocios

:: 특정관사 축약(contracción del artículo definido)

'de + el → del', 'a + el → al'로 축약된다.

단, 뒤에 인칭대명사 'él' 또는 고유명사가 오는 경우는 축약되지 않는다:

la casa de él | 그의 집

la casa de El Greco | 엘그레꼬의 집

∷ 관사의 대명사적 용법(uso pronominal del artículo)

관사는 명사 앞에 놓이나 단독으로 또는 형용사와 함께 사용되어 문장에서 대명사적 기능을 수행한다:

나는 흰 셔츠들을 가지고 있다.	Tengo las camisas blancas.
나는 흰 것들을 가지고 있다.	Tengo las blancas.
나는 그것들을 가지고 있다.	Las tengo.
나는 흰 것을 하나 가지고 있다.	Tengo una blanca.
나는 그것을 하나 가지고 있다.	Tengo una.

▶ 이때 'una'는 '하나'의 뜻이 먼저이므로 'Las tengo'에서 'las'(직접목적격) 앞에 사용하지 못한다. 만약 'una, tengo'라고 하면 '하나'를 강조하는 표현이다.

명사 sustantivo

명사의 성과 수(género y número del sustantivo)

스페인어의 명사는 남성과 여성이 있고 그에 따른 단수와 복수가 있다. 또한 '관사+명사+형용사'의 구조가 기본이며 관사와 형용사는 명사의 성과 수에 일치시킨다. 그러므로 명사를 외울 때는 관사와 함께 외우는 것이 바람직하다. 일반적으로 모음 '-o'로 끝나는 남성 명사는 어미 '-o'를 '어미 '-a'로 바꾸어 여성 명사를 만들며, 복수는 일반적으로 모음으로 끝나면 '-s'를, 자음으로 끝나면 '-es'를 붙여 만드나 항상 예외가 있으므로 명사의 성과 수도 그때그때 외우는 것이 바람직하다. 또한 남성과 여성이 같거나 단수와 복수가 같은 경우도 있고 남성일 때와 여성일 때 뜻이 달라지는 명사도 있다. 'a-'나 'ha-'로 시작하는 여성 명사가 그 'a-'나 'ha-'위에 강세가 오면 단수에서 남성 관사를 사용한다. 이는 같은 모음이 연접하여 하나의 낱말로 오인하는 것을 막기 위한 것이다. 예를 들어 'agua'(물)은 여성 명사이나 단수에서 'el agua'가 된다.

'성에 따라 뜻이 다른 명사'(sentido diferente según género)

절단면	el corte	궁전	la corte
혜성	el cometa	연	la cometa
귀고리	el pendiente	경사면	la pendiente
물고기	el pez	송진	la pez
사설	el editorial	출판사	la editorial
안내 책자	el guía	안내	la guía
통지서	el parte	부분	la parte
혼수상태	el coma	쉼표	la coma
아첨꾼	el pelota	공	la pelota
정면	el frente	이마	la frente

더위	el calor	열정	la calor
콜레라	el cólera	분노	la cólera
자본	el capital	수도	la capital
질서	el orden	명령	la orden
가장자리	el margen	물가	la margen
성직자	el cura	치료	la cura
선거권자	el vocal	모음	la vocal
망나니	el calavera	두개골	la calavera
군인	el soldado	병사의 급료	la soldada

:: 불규칙한 명사의 성과 수(género y número irregulares)

명사	단수	복수
소파	el sofá	los sofás
나무	el árbol	los árboles
청년(남)	el joven	los jóvenes
청년(여)	la joven	las jóvenes
번	la vez	las veces
수집	la colección	las colecciones
연필	el lápiz	los lápices
성격/특징/글자체	el carácter	los caracteres
안달루시아 남자	el andaluz	los andaluces
성배	el cáliz	los cálices
목소리	la voz	las voces
십자가	la cruz	las cruces
루비	el rubí	los rubíes
멧돼지	el jabalí	los jabalíes
물	el agua	las aguas
독수리	el águila	las águilas
도끼	el hacha	las hachas
제도	el régimen	los regímenes
월요일	el lunes	los lunes
화요일	el martes	los martes
수요일	el miércoles	los miércoles
목요일	el jueves	los jueves
금요일	el viernes	los viernes
위기	la crisis	las crisis
논문	la tesis	las tesis
우산	el paraguas	los paraguas
생일	el cumpleaños	los cumpleaños

명사	남성	여성
왕	el rey	la reina
시인	el poeta	la poetisa
왕자	el príncipe	la princesa
배우	el actor	la actriz
황제	el emperador	la emperatriz
말	el caballo	la yegua
소	el toro	la vaca
닭	el gallo	la gallina

:: 단수와 복수가 동형인 명사(único número)

명사	단·복수
안경	las gafas / los anteojos
바지	los pantalones
가위	las tijeras
식료품	los víveres
집게	las tenazas
몸가짐	los modales
교외	los alrededores / las afueras
어둠	las tinieblas
몸쑤심	las agujetas
간지럼	las cosquillas
도구류	los enseres
질투	los celos
기도	las preces
*김씨댁	los Kim
*마르띠네스씨댁	los Martínez

형용사 adjetivo

∷ 형용사의 위치(posición de adjetivos)

스페인어에서 형용사는 명사의 성과 수에 일치를 시켜야 하며 일반적으로 형용사는 명사의 뒤에 위치한다. 형용사의 여성형은 어미 '-o'를 '-a'로 바꾸어 준다:

el libro blanco	흰 책
los libros blancos	흰 책들
la casa blanca	흰 집
las casas blancas	흰 집들

형용사가 명사 앞에 놓이는 경우는 명사의 특질을 설명하게 된다:

la blanca nieve	흰 눈
la dulce miel	단 꿀

∷ 형용사의 위치에 따라 뜻이 다른 경우(sentido diferente según la posición)

덩치가 큰 남자	el hombre grande
위대한 남자	el gran hombre
가난한 여자	la mujer pobre
불쌍한 여자	la pobre mujer
확실한 소식	una noticia cierta
어떤 소식	una cierta noticia

:: 어미 탈락(apócope)

'bueno'는 남성 단수 명사 앞에서 어미 '-o'가 탈락되어 'buen'이 되며 이와 같은 것으로는 'malo' → 'mal'(나쁜), 'alguno' → 'algún'(어떤), 'ninguno' → 'ningún'(아무 ~도 아닌), 'primero' → 'primer'(첫 번째의), 'tercero' → 'tercer'(세 번째의), 'postrero' → 'postrer'(마지막의)등이 있다. 'ciento'(100)는 남성 명사 앞에서 어미 '-to'가 탈락된다.

'grande'(커다란)는 남성·여성 단수 명사 앞에서 어미 '-de'가 탈락된다. 또한 'grande'가 명사 앞에 오면 '위대한'이란 뜻이 된다. 'santo'(성스러운)는 남성 단수 명사 앞에서 어미 '-to'가 탈락된다. 그러나 Santo Tomás, Santo Domingo 등은 예외이다.

:: 비교급(comparativo)

● 형용사 우등비교(superior)

'~ 보다 더'라는 표현을 할 때 'más + 형용사 + que'를 사용한다.(숫자를 비교할 때는 'más de'가 된다.)

이때 형용사는 주어에 성·수를 일치시켜야 한다.

단, 불규칙에 유의하자:

● 불규칙 비교급(irregulares)

원 급	비교급
bueno(좋은)	mejor
malo(나쁜)	peor
alto(높은)	superior
bajo(낮은)	inferior
grande(큰)	mayor
pequeño(작은)	menor

'grande'와 'pequeño'의 불규칙 비교급을 사용하면, '나이가 더 많은(mayor)/나이가 더 적은(menor)'이 되고 'alto'와 'bajo'의 불규칙 비교급을 사용하면, '월등한(superior)/열등한(inferior)'이 된다. 이들의 규칙 비교급을 사용하면 본래의 뜻이 된다. 'bueno'와 'malo'는 규칙 비교급을 사용하거나 불규칙 비교급을 사용하거나 의미가 달라지지 않으므로, 종래에는 불규칙 비교급만 사용하도록 했으나 현재는 두 가지 형태 모두를 허용하고 있다.

● 형용사의 열등비교(inferior)

'~ 보다 덜'이라는 표현을 할 때 'menos + 형용사 + que'를 사용한다. 이때 형용사는 주어에 성·수를 일치시킨다. 숫자를 비교할 때는 'menos de'가 된다.

● 형용사의 동등비교(de igualdad)

'~과 같은'이라는 표현을 할 때 'tan + 형용사 + como'를 사용한다. 이때 형용사는 주어에 성·수를 일치시킨다.

최상급(superlativo)

● 비교 최상급(superlativo relativo)

'특정관사 + 형용사 비교급'으로 이루어진다.

단, 다음과 같은 불규칙 형태가 있으며 불규칙 형태를 사용하면 뜻이 약간 다르다:

원 급	최상급
bueno	óptimo/sumo (최선의)
malo	pésimo (최악의)
alto	supremo (최상의)
bajo	ínfimo (최하의)
grande	máximo (최대의)
pequeño	mínimo (최소의)

반에서 까를로스가 가장 착하다.

Carlos es el mejor en la clase.

이번이 최선의 기회이다.

Esta vez es la ocasión óptima.

그는 최악의 상황에 처해 있다.

Él queda en la circunstancia pésima.

최고로 아름다운 여성이 나에게 질문했다.

Me preguntó una mujer de suprema belleza.

나는 그것을 최하의 가격에 샀다.

Lo he comprado por un precio ínfimo.

그들은 그를 최대한 정중하게 대접한다.

Le tratan con las máximas consideraciones.

이 상품은 최소한의 전력을 소비한다.

Este producto consume la mínima electricidad.

최대한 como máximo

최소한 como mínimo

● 절대 최상급(superlativo absoluto)

형용사에 '-ísimo'를 붙이면 절대 최상급이 된다:

bueno(좋은)	bonísimo/muy bueno
nuevo(새로운)	novísimo/muy nuevo
grande(큰)	grandísimo/muy grande
feliz(행복한)	felicísimo/muy feliz
fresco(신선한)	fresquísimo/muy fresco

'mucho'와 'poco'는 부사로 쓰이는 경우에도 '-ísimo'를 붙여 최상급으로 표현할 수 있으나 다른 경우는 부사 앞에 'muy'를 붙여 표현한다. 그러므로 형용사에도 'muy'를 붙이면 최상급이 된다. 그러나 'más, menos, mayor, menor, mejor, peor'앞에는 'mucho'를 사용한다. 즉, 'mucho mejor'(훨씬 더 좋은)로 사용해야 하며 'muy mejor'로 사용하면 안 된다. 또한 생활에 자주 쓰이는 'cerca(가까운)' 또는 'lejos(먼)' 등은 부사라도 'cerquísima' 또는 'lejísimo'로 사용하기도 한다.

부사 adverbio

형용사의 여성형 단수에 '-mente'를 붙여서 만든다. 강세는 원래 형용사의 강세 위치에 하나, '-mente'에 하나 해서 두 개의 강세가 있다. 그러나 형용사 원형, 즉 형용사 남성형 단수를 그대로 부사로 사용하기도 한다:

그는 빨리 뛴다. Corre rápidamente./Corre rápido.

'reciente'(최근의)의 부사는 'recientemente'이나 형용사 앞에서는 어미 '-mente'가 탈락되어 'recién'이 된다:

신혼부부 recién casados

의문사 interrogativo

의문사에는 'qué, quién, cuándo, cuál, cómo, dónde, cuánto'가 있으며 이 중 'qué, cuál, cuánto'는 대명사와 형용사의 기능이 있으며, 'quién'은 대명사의 기능만 있고 'cuándo, cómo, dónde'는 부사의 기능을 한다. 복수가 가능한 것으로는 'quién-quiénes, cuál-cuáles, cuánto-cuántos, cuánta-cuántas'가 있다.

이게 뭐야?	¿Qué es esto?
어떤 사람에 대해 말하는 거야?	¿De qué persona hablas?
어떤 것이 네 코트니?	¿Cuál es tu abrigo?
어느 코트가 네 것이니?	¿Cuál abrigo es tuyo?
어떤 것들이 네 코트니?	¿Cuáles son tus abrigos?
어느 코트들이 네 것이니?	¿Cuáles abrigos son tuyos?
얼마입니까?	¿Cuánto es?
얼마입니까?	¿Cuántos son?
얼마나 많은 사람들이 왔니?	¿Cuánta gente ha venido?
얼마나 많은 사람들이 왔니?	¿Cuántas personas han venido?
너는 누구니?	¿Quién eres?
너희는 누구니?	¿Quiénes sois vosotros?

지시사 demostrativo

지시사는 문장 내에서 대명사적 기능과 형용사적 기능을 한다.

∷ 지시사 중성형(neutro)

명사의 성과 수에 상관없이 사용하는 지시사 중성형은 화자에게서 가까운 것부터 'esto'(이것), 'eso'(그것) 그리고 'aquello'(저것)가 있다:

∷ 형용사적 용법(uso adjetival del demostrativo)

성 \ 수		단수	복수
이	남성	este	estos
	여성	esta	estas
그	남성	ese	esos
	여성	esa	esas
저	남성	aquel	aquellos
	여성	aquella	aquellas

∷ 대명사적 용법(uso pronominal del demostrativo)

성 \ 수	단수	복수
남 성	este(이것)	estos(이것들)
여 성	esta(이것)	estas(이것들)
남 성	ese(그것)	esos(그것들)
여 성	esa(그것)	esas(그것들)
남 성	aquel(저것)	aquellos(저것들)
여 성	aquella(저것)	aquellas(저것들)

➡ 전자(前者) aquel, 후자(後者) este

관계사 relativo

선행사가 표현되어 있는 것(con antecedente expreso)과 선행사가 표현되어 있지 않은 것(sin antecedente expreso)이 있다. 선행사가 표현되어 있지 않은 것은 관계사 자체가 선행사를 내포하는 것으로 본다.

∷ que, el que, la que, los que, las que

선행사로 사물이나 사람을 받는다. 관계절의 문맥상 필요한 경우 'que'앞에 전치사를 쓸 수 있다. 또한 'que'앞에 쉼표를 찍으면 설명적(계속적)용법이 된다:

사람들은 멀리서 살고 있었는데 올 수가 없었다.

Las personas, que vivían lejos, no podían venir.

멀리 살고 있던 사람들은 올 수가 없었다.

Las personas que vivían lejos no podían venir.

∷ quien, quienes

선행사로 사람을 받는다. 관계절의 문맥상 필요한 경우에 'quien'앞에 전치사를 사용할 수 있다. 선행사 없이 사용되기도 한다. 관계사 'quien'자체에 '사람'이라는 선행사가 포함되어 있는 것으로 간주되는 경우 'quien'은 '특정관사 + que'로 대체될 수 있다:

하늘은 스스로 돕는 자를 돕는다. A quien madruga Dios le ayuda.

Al que madruga Dios le ayuda.

∷ cuyo, cuya, cuyos, cuyas

'~의'라는 뜻으로 선행사가 'cuyo'뒤에 나오며, 뒤에 나오는 선행사의 성과 수에 'cuyo'를 일치시킨다:

나는 자기 아버지가 스페인 사람인 사람은 아무도 모른다.

No conozco nadie cuyo padre es de España.

donde

선행사로 장소를 받으며 'en que'로 대체할 수 있다. 관계절의 문맥상 필요한 경우 'donde' 앞에 전치사를 사용할 수 있다:

내가 저녁 먹으러 가는 식당은 중국집이야. El restaurante a donde voy a cenar es de chino.

cuando

선행사로 시간을 나타내는 낱말을 받는다:

그녀가 돌아오는 날이 오늘이야. Es hoy cuando regresa ella.

lo que(lo cual)

선행사로 앞 문장 전체를 받는다:

그는 항상 늦는데 이것이 나를 화나게 한다.

El viene siempre tarde, lo que me fastidia.

como

선행사로 방법에 관련된 낱말(el modo, el método, la manera 등)을 받는다. 그러나 선행사 없이도 사용된다:

나는 네가 가르치는 방법이 맘에 든다.

A mí me gusta la manera como me enseñas.

A mí me gusta como me enseñas.

cuanto, cuantos, cuanta, cuantas

선행사로 'todo'를 받는다. 선행사 없이 사용되기도 한다:

나는 내가 가진 모든 것을 너에게 주었다.

Te he dado todo lo que tengo.

Te he dado todo cuanto tengo.

Te he dado cuanto tengo.

Te he dado todos los que tengo.

Te he dado todos cuantos tengo.

Te he dado cuantos tengo.

그들은 원하는 모든 사람들을 초대하였다.

Invitaron todas las personas que querían.

Invitaron todas cuantas querían.

Invitaron cuantas querían.

:: sea ~ sea ~

'어떻게든'의 뜻이며 항상 이런 형식을 취한다.

'sea quien sea'(누구든), 'sea donde sea'(어디든), 'sea como sea'(어떻든), 'sea cuando sea'(언제든), 'sea cual sea'(어느 것이든), 'sea cuanto sea'(얼만큼이든) 등이 있다. 접속법 현재 대신 'sea quien fuera' 또는 'fuera quien fuera' 등 접속법 과거를 사용할 수도 있다.

:: cuanto más ~ tanto más ~

여기서 'cuanto'는 문맥에 따라 대명사적 기능 또는 부사적 기능을 하며, 주로 'tanto'와 함께 '~하면 할수록 더욱 ~하다'는 뜻이 된다. '적게 ~할수록 더욱 적게 ~한다'는 뜻으로는 'cuanto menos ~ tanto menos ~'를 사용하면 된다.

불특정사 indefinido

불특정사는 특정하지 않은 것을 표현하는 것들로 문장 내에서 대명사, 형용사, 또는 부사적 기능을 한다.

'mucho'(많음), 'poco'(조금), 'algo'(조금), 'nada'(아무것도 아님), 'alguno'(어떤 것), 'ninguno'(아무것도 없음), 'otro'(다른 것), 'todo'(모든 것), 'demasiado'(지나침), 'tanto'(그만큼), 'alguien'(누군가), 'nadie'(아무도 아님), 'cualquiera'(어떤 것), 'ambos'(둘 다), 'cada'(각각) 등이 있다. 이 중 'alguien'과 'nadie'는 대명사적 기능만 한다:

나는 그것을 조금 밖에 말하지 못한다.	Lo hablo poco. (부사적)
나는 조금 가지고 있다.	Tengo poco. (대명사적)
적은 수의 사람들이 있다.	Hay poca gente. (형용사적)

:: cualquiera

'cual + quiera'가 한 낱말로 굳어진 것으로 '어느 누구(것)이든지'라는 뜻을 갖는다. 이 외에도, 'quienquiera'(누구든지), 'dondequiera'(어디든지), 'comoquiera'(어떻게든지), 'cuandoquiera'(언제든지), 'cuantoquiera'(얼마든지)가 있다. 뒤에 절이 오게 되면 접속법을 사용한다. 'cualquiera'의 복수형은 'cualesquiera'이고 'quienquiera'의 복수형은 'quienesquiera'이다. 'cualquiera'와 'quienquiera'는 모두 사람에게 사용할 수 있으며 'cualquiera'를 사용하면 좀 더 지시적이다. 'cualquiera'는 명사 앞에서 어미 '-a'가 탈락되어 'cualquier'가 된다:

어떤 책이든지	cualquier libro/un libro cualquiera
어떤 일이든지	cualquier cosa/una cosa cualquiera
➡ 각각은	cada cual

전치사 preposición

스페인어에는 23개의 전치사가 있다. 문장 내에서 2개 이상의 전치사가 함께 쓰이기도 하며, 다른 낱말들과 함께 전치사구를 형성하여 다양한 기능을 수행한다:

a(~에/~로/~를/~까지)	ante(~앞에)	bajo(~아래)	cabe(~가까이)
con(~과 함께)	contra(~에 반하여)	de(~의/~부터)	desde(~부터)
durante(~동안)	en(~에)	entre(~사이에)	hacia(~를 향하여)
hasta(~까지)	mediante(~통하여)	para(~위하여/~까지)	por(~때문에/~에 의하여)
según(~에 의하면)	sin(~없이)	so(~아래에)	sobre(~위에/~에 관하여)
tras(~뒤에)	versus(~에 반하여/~에 대한)		vía(~통하여)

➡ excepto(~제외하고), menos(~제외하고), salvo(~제외하고), incluso(~포함하여) 등도 전치사의 기능을 한다.

2개 또는 그 이상의 전치사로 이루어진 전치사구나 다른 낱말과 함께 이루어진 전치사구 등이 있다. 이들은 전치사의 뜻을 모두 표현한다:

de a	desde por	hasta con	para con
de entre	en contra	hasta por	por bajo
de por	hasta en	hasta sin	por entre

전치사 외의 낱말의 뜻이 주가 된다:

acerca de ~에 관하여	debajo de ~ 아래에	en vez de ~ 대신에	junto a ~ 옆에
alrededor de ~ 주위에	debido a ~ 때문에	encima de ~ 위에	lejos de ~ 멀리
a punto de ~ 할 때	delante de ~ 앞에	enfrente de ~ 정면에	por debajo de ~ 아래에서
cerca de ~ 가까이에	detrás de ~ 뒤에	frente a ~ 정면에	por detrás de ~ 뒤에서

접속사 conjunción

문장과 문장을 연결짓는 기능을 한다. 접속사 하나로 사용되기도 하고, 다른 낱말들과 'que'가 합쳐진 많은 접속사구가 사용되기도 한다.

y	그리고
o	또는
si	만약
pero, mas	그러나
luego, pues	그러므로
cuando	~할 때
mientras	~동안, 반면에
no A sino B	A가 아니라 B
no solo A sino también B	A뿐만 아니라 B도
ni A ni B	A도 아니고 B도 아닌
como	~으로서, ~때문에
o A o B, ya A ya B, bien A bien B	A든지 B든지
porque	왜냐하면
aunque	비록 ~이지만
ya que, puesto que	~이기 때문에
para que, a fin de que	~위하여
siempre que, con tal que	~조건으로
en cuanto	~하자 마자

감탄사 interjectivo

고유의 감탄사 외에 다른 낱말들도 감탄사로 사용되기도 하여 감탄문을 만들며 이외에 감탄문의 형식도 있다:

¡ah!, ¡ay!, ¡bah!(젠장!), ¡ca!, ¡cáspita!(저런!), ¡ea!, ¡guay!(아아!), ¡hola!(야!), ¡huy!(저런!), ¡oh!, ¡ojalá!(제발!), ¡ox!(워이!), ¡puf!(싫어!), ¡quia!(글쎄!), ¡sus!(잘해!), ¡uf!(우아!), ¡tate!(정지!), ¡zape!(쉿!), ¡pum!(꽝!), ¡zas!(착!), ¡alto!(정지!) 등

아! 이렇게 불행할 수가!	¡Ah! ¡Qué desgracia!
도대체 나에게는 무엇이 중요한 거지?	¡Bah!, ¿a mí qué me importa?
자, 조용히 해라!	¡Ea, a callar!
잠깐, 이제 알았다!	¡Tate, ya caigo!

:: 감탄문의 형식은 'qué', 'cuán', 'cómo' 등과 만들어진다:

얼마나 예쁜 아이인가!	¡Qué niña tan guapa!/¡Qué guapa es la niña!
얼마나 달리는지!	¡Cómo corre!
얼마나 빨리 하는지!	¡Cuán rápido lo hace!

➡ 'cuán'을 사용하여 부사적인 감탄문 형식을 만드는 것이 보통이나 'cuánto'를 사용하여 형용사적인 감탄문 형식을 만들기도 한다:

얼마나 기쁜지!	¡Cuánta alegría tengo!

문장 oración

문장은 크게 단문(simple)과 복문(compuesta)으로 나눌 수 있으며, 복문은 접속사 'que'를 사이에 두고 주절(oración principal)과 종속절(oración subordinada)로 나뉜다. 복문인 경우, 주절과 종속절 사이의 시제 일치(concordancia de tiempo)에 유의해야 한다. 또한 긍정문(afirmativa), 부정문(negativa), 의문문(interrogativa), 감탄문(exclamativa), 명령문(imperativa)등으로 나눌 수도 있다. 또는 자동문, 타동문, 인칭문, 비인칭문 등 다양하게 나누어 볼 수 있다. 긍정문은 긍정을 표현하며, 주어가 나오고 그 뒤에 동사가 나온다. 부정문을 만들기 위한 부정어 'no'는 문장 내에서 동사 앞에 위치한다. 의문문은 문장 앞뒤에 의문부호(¿ ?)를 붙이고, 문장 내에서 주어와 동사의 위치가 바뀌게 되나, 회화체에서는 긍정문을 그냥 끝을 올려서 말하기도 한다. 감탄문은 문장 앞뒤에 감탄부호(¡ !)를 붙이고, 문장 앞에 감탄문을 이끄는 'qué, cómo, cuán' 등의 낱말 뒤에 동사가 오고, 그 뒤에 주어가 나오게 된다. 또한 능동문에 대해 수동문이 있으며 수동문은 'se'를 사용하거나 'ser + 과거분사'를 사용하여 만든다.

긍정문	(Yo)Voy a la oficina.
부정문	(Yo)No voy a la oficina.
의문문	¿Vas (tú) a la oficina?
감탄문	¡Qué niña tan guapa eres (tú)!
명령문	Dime.
수동문	María es amada de todos.
직접화법	Él dice: Voy a la oficina.
간접화법	Él dice que va a la oficina.

:: 직접화법과 간접화법(estilo directo e indirecto)

'직접 대놓고 하는 화법'을 '말을 전하는 화법'으로 표현하고자 할 때 접속사 'que'로 두 문장을 연결시키게 되며, 이때 주의할 점은 시제 일치와 시간의 부사 등이다. 즉, 직접화법에서 '지금'이라고 하면 간접화법에서는 '그 때'가 되기 때문이다.

내가 그를 부산에서 만났을 때, 나에게 물었다: "전에 여기 와 보신 적이 있으세요?"
Cuando lo vi en Busan, me dijo: "¿Ha estado aquí antes?"

내가 그를 부산에서 만났을 때 그는 내가 전에 그곳에 와 본 적이 있느냐고 물었다.
Cuando lo vi en Busan me preguntó si yo había estado allí antes.

그는 내게 말했다: "제 아버지는 5일 전에 홍콩에서 돌아오셔서 어제 다시 일본으로 떠나셨습니다."
Me dijo: "Mi padre volvió de Hong Kong hace cinco días y de nuevo partió ayer para Japón."

그는 자기 아버지가 5일 전에 홍콩에서 돌아와서 그 전날 다시 일본으로 떠났다고 내게 말했다.
Me dijo que su padre había vuelto de Hong Kong hace cinco días y de nuevo había partido para Japón un día antes.

선생님께서 말씀하셨다: "태양은 동쪽에서 떠서 서쪽으로 진다."
El maestro dijo: "El sol sale del Este y se pone en el Oeste."

선생님께서는 태양은 동쪽에서 떠서 서쪽으로 진다고 말씀하셨다.
El maestro dijo que el sol sale del Este y se pone en el Oeste.

표현

expresión

표현 01 • 인사(saludo)

만났을 때 인사

아침인사	Buenos días.
오후인사	Buenas tardes.
저녁인사	Buenas noches.
안녕!	¡Hola!
잘가!	¡Adiós!
잘 있었어?	¿Qué tal (estás)? ¿Cómo estás (tú)? ¿Cómo te encuentras?
잘 있었어, 고마워. 근데 너는?	Bien, gracias. ¿Y tú?
안녕하세요?	¿Cómo está (usted)? ¿Cómo se encuentra?
아주 잘 있었습니다, 감사합니다. 근데 당신은요?	Muy bien, gracias. ¿Y Ud?
어떻게 지내니?	¿Cómo te va? ¿Cómo andamos? ¿Cómo vamos?
다 잘되어 가.	Me va todo bien.
어떻게 지내십니까?	¿Cómo le va?
어떻습니까?	¿Qué hay?
새로운 일이 있습니까?	¿Qué hay de nuevo?

새로운 일 없습니다.	Nada de nuevo.
특별한 일이 있습니까?	¿Algo de particular?
특별한 일 없습니다.	Nada de particular.
아주 좋습니다.	¡Estupendo! Estoy perfectamente bien.
좋아졌습니다.	Estoy mejor.
나빠졌습니다.	Estoy peor.
엉망입니다.	¡Fatal!
최악입니다.	¡Como nunca!
반죽음입니다.	Medio muerto.
죽을 지경입니다.	Estoy hecho polvo.
늘 그렇습니다.	¡Como siempre!
그럭저럭.	Así, así. Regular. Voy tirando.
그냥 지내.	Pasándola.
이렇게 살아 있잖아.	Aquí me tienes.
얼마만이니!	¡Cuánto tiempo!
못 뵌 지 참 오래되었습니다.	¡Cuánto tiempo sin verle!
네가 여긴 웬 일이니?	¿Tú por aquí?
어머, 놀래라. 너를 여기서 만날 줄 몰랐어.	¡Anda, qué sorpresa! No esperaba encontrarte aquí.
아주 좋아 보이네.	Te veo muy bien.
어머님께 안부 전해줘.	Dale mis recuerdos a tu madre. Saluda de mi parte a tu madre.

헤어질 때 인사

나중에 보자.	¡Hasta luego!
내일 보자.	¡Hasta mañana!
다음날 보자.	¡Hasta otro día!
다음에 보자.	¡Hasta la próxima!
좀 있다 보자.	¡Hasta pronto! ¡Hasta ahora!
만날 때까지.	¡Hasta la vista!
절대로 안 본다.	¡Hasta nunca!
곧 봅시다.	Vamos a vernos pronto.
잘 지내세요.	¡Que vaya bien! ¡A pasarlo bien!
신의 가호가 있기를!	¡Con Dios! ¡Vaya con Dios!
행운이 있기를!	¡Mucha suerte!
남편에게 안부 전해.	Dale recuerdos a tu marido.

무슨 일이니?

무슨 일이니?	¿Qué te pasa? ¿Te pasa algo? ¿Te ocurre algo? ¿Te sucede algo?
괜찮니?	¿Estás bien?
무슨 걱정 있니?	¿Estás preocupado(a) por algo?

걱정이 있어 보인다.	Te veo un poco preocupado.
신경이 예민해 보인다.	Te veo nervioso(a).
창백해 보인다.	Te veo pálido(a).
어디가 안 좋니?	¿Te encuentras mal? ¿Te sientes mal?
어디가 안 좋으십니까?	¿Se encuentra mal? ¿Se siente mal?

표현 02 • 소개(presentación)

반갑습니다.	¡Encantado(a)! ¡Tanto gusto! ¡Mucho gusto!
제가 반갑습니다.	El gusto es mío.
저도요.	Igualmente.
만나 뵈어 기쁩니다.	Me alegro de conocerle(a usted). Mucho gusto en conocerle(a usted). Es un placer conocerle(a usted).
만나 뵙고 싶었습니다.	Tenía ganas de conocerle.
제 이름은 김미래입니다.	Me llamo Mire Kim.
제 이름은 김미래입니다.	Mi nombre es Mire Kim.
나는 김미래입니다.	Soy Mire Kim.
성함이 어떻게 되십니까?	¿Cómo se llama usted?
네 이름이 어떻게 되니?	¿Cómo te llamas?
제 친구 마리아를 소개합니다.	Le presento a mi amiga María.
여기는 마리아입니다.	Aquí es María.
너, 라울을 아니?	¿Conoces a Raúl?
너는 나를 모를 거야.	Creo que no me conoces.
너를 본 것 같아.	Tu cara me suena.
당신 얼굴이 낯이 익습니다.	Su cara me resulta familiar.

당신에게 제 남편을 소개하게 되어 기쁩니다.	Tengo el gusto de presentarle a mi marido. Tengo el placer de presentarle a mi marido.
여기는 제 남편 김민국입니다.	Aquí es mi marido, Minkuk Kim. Este es mi marido, Minkuk Kim.
저를 소개할게요.	Me presentaré.
저를 기억하시겠어요?	¿Se acuerda de mí?
만나고 싶었습니다.	Tenía ganas de conocerle. Esperaba conocerle.

표현 03 • 초대(invitación)

올래?	¿Vienes? ¿Quieres venir?
너를 초대할게.	Te invito.
당신을 초대하고 싶습니다.	Quisiera invitarle.
내 생일에 너를 초대할게.	Te invito a mi cumpleaños.
내가 커피 살게.	Te invito al café.
자, 내가 산다니까.	Venga, te invito yo.
물론이야.	¡Claro! ¡Cómo no! ¡Por qué no!
좋아.	Me encanta. ¡Qué bien!
좋은 생각이야.	¡Buena idea!
기꺼이!	¡Con mucho gusto!
글쎄.	¡A ver!
고맙지만 안 되겠어.	No puedo, gracias.
불가능해.	¡Imposible!
미안해, 안 되겠어.	Lo siento, me resulta imposible.
갔으면 좋겠지만 안 되겠어.	Me gustaría, pero no puedo.
생각해줘서 고마워.	Gracias por pensar en mí.

유감이다.	¡Qué lástima!
그런 말 마!	¡Ni hablar!
절대로 안 돼.	¡De ningún modo! ¡De ninguna manera!
다음에 하자.	¡Para otro día!
축하!	¡Felicidades! ¡Muchas felicidades! ¡Enhorabuena!
성탄축하!	¡Feliz Navidad!
생일축하!	¡Feliz cumpleaños!
기념일 축하!	¡Feliz aniversario!
축하해.	Te felicito.
진심으로 축하합니다.	Le felicito de todo corazón.
너는 그럴 자격 있어.	Te lo mereces.
너무 그러지 마!	¡No seas exagerado!
아휴, 그건 과찬이야.	¡Huy, qué exagerado eres!
그 정도는 아녜요.	No hay para tanto.
드십시오.	¡Que aproveche! ¡Buen provecho! ¡Buen apetito!
맛있습니다.	¡Qué rico! ¡Qué sabroso!
배부릅니다.	Estoy lleno(a).
많이 먹었습니다.	Me he sancionado.
됐습니다. 감사합니다.	Ya. Gracias.

건배!	¡Salud! ¡Chin chin! ¡Brindemos! ¡Viva! ¡Un brindis!
건강을 위하여	¡A tu salud! ¡Por tu salud!
잔을 들어 건배합시다.	Levantemos las copas para brindar.
당신의 승진을 위해 건배합시다.	Hagamos un brindis por su elevación.
어서 오세요.	¡Bienvenido(a)!
들어오세요.	¡Adelante! ¡Pase, pase! ¡Pase, por favor! ¡Entre, entre!
앉으세요.	Siéntese, por favor. Tome asiento.
편히 하세요.	Está en su casa. Póngase cómodo(a).

표현 04 • 약속(cita)

시간 있니?	¿Tienes tiempo?
그래, 한가해.	Sí, estoy libre.
아니, 바빠.	No, estoy ocupado(a).
어디에서 만날까?	¿Dónde nos quedamos?
시내에서 만나자.	Nos quedamos en el centro.
시청 앞에서 보자.	Nos vemos enfrente del Ayuntamiento.
몇 시에 볼까?	¿A qué hora nos vemos?
언제 볼까?	¿Cuándo nos vemos? ¿Qué día quedamos?
내일 보자.	Nos vemos mañana.
20일이 어떻겠니?	¿Qué te parece el día 20?
괜찮겠니?	¿Te conviene?
언제라도 내게는 마찬가지야.	Me da igual sea cuando sea.
약속을 바꾸고 싶은데요.	Quisiera cambiar la cita.
괜찮을까요?	¿Se puede?
그 시간에는 안 되겠는데요.	A esa hora me es imposible.
그러면 몇 시가 좋으시겠습니까?	Entonces, ¿a qué hora le convendrá?
그 시간만 아니면요.	Si no fuera a esa hora.
정각에 와.	Vente puntual.

표현 05 • 도움(ayuda)

도와줘!	¡Ayuda!
살려줘!	¡Auxilio! ¡Socorro!
여기요!	¡Aquí!
제발요!	¡Por favor!
도움이 필요합니다.	Necesito ayuda.
맙소사, 나 좀 도와줘.	¡Dios mío, ayúdame!
청컨데, 도와주십시오.	Ruego que me ayude.
도와줄래?	¿Me ayudas? ¿Puedes ayudarme?
당연하지.	¡Naturalmente! ¡Por supuesto!
도와줄까?	¿Te ayudo?
도와주면 좋겠어?	¿Quieres que te ayude?
그래, 제발.	Sí, por favor.
뭘 도와줄까?	¿En qué te ayudo?
무엇이든 말해 봐.	Dime cualquier cosa.
친구가 그래서 있는 거야.	Los amigos están para eso.
내가 너를 돕도록 해 줘.	Déjame que te ayude.
제가 당신을 돕도록 해 주세요.	Déjeme que le ayude.

표현 06 • 대답(respuesta)

그래.	Sí. Ya lo creo.
확실해?	¿Es cierto? ¿Es correcto? ¿Estás seguro(a)?
사실이야?	¿Es verdad?
확실해.	Está claro. Es cierto. Es correcto. Estoy seguro(a).
정확해.	Exactamente.
물론이야.	Por supuesto.
바로 그거야!	¡Justo!
내 말이 맞아.	Tengo razón.
동감입니다.	Estoy con usted.
아니.	No.
그렇지 않아.	No es así.
잘 모르겠어.	No lo sé. No estoy seguro(a).
알게 뭐야!	¡Quién sabe! ¡Qué sé yo!
사실이 아냐.	No es verdad.
확실치 않아.	No es cierto.

전혀 확실치 않아.	No está nada claro.
무슨 소리야!	¡Qué va!
맞지 않아.	No has acertado.
엉터리!	¡Absurdo!
네가 틀렸어.	Estás equivocado(a). No tienes razón.
글쎄.	¡Quizá! ¡Acaso! ¡Por si acaso! ¡Tal vez! ¡Probablemente!
어쩌면	a lo mejor
그런 것 같아?	¿Te lo imaginas?
그래, 그럴 것 같아.	Sí, me lo imagino.
보면 알겠지.	Ya veremos.
그럴 수 있지.	Es posible. ¡Posiblemente! Puede ser.
추측컨대.	Supongo.

표현 07 • 감사(agradecimiento)

고마워. 감사합니다.	Gracias.
정말 고마워. 정말 감사합니다.	Muchas gracias. Muchísimas gracias. Mil gracias. Miles de gracias. Millón de gracias.
어떻게 감사를 드려야 할지 모르겠습니다.	No sé cómo agradecerlo.
천만에요.	De nada. No hay de qué.

표현 08 • 잠깐만요!(¡Un momento!)

잠깐만요.	¡Un momento, por favor! ¡Un segundo, por favor!
기다려주세요.	Espere, por favor.
잠깐 기다려주시겠어요?	¿Me puede esperar un rato?
지금은 안 되겠어요.	¡Ahora, no puedo! ¡En este momento no puedo!
지금 바로 봐드릴게요.	Ahora mismo le atiendo. En seguida estoy con usted.
바로 돌아올게요.	Ahora vuelvo.
지금 갑니다.	Ya voy.
기다리시게 해서 죄송합니다.	Disculpe que le haga esperar.
미안해.	¡Perdón!
미안합니다.	¡Perdone!
용서해!	¡Disculpa!
용서하세요!	¡Disculpe!
정말 미안합니다.	Mil disculpa.
기다리셔야 되겠는데요.	Tendrá que esperar. Espere, en este momento no puedo.
곧 봐드리겠습니다.	En seguida estoy con usted. Ahora mismo le atiendo. Dentro de poco le atiendo. En seguida estaré a su disposición.

표현 09 • 전화(teléfono)

여보세요	¡Aló!
여보세요.(건 사람)	¡Oiga!
여보세요.(받는 사람)	¡Diga! ¡Dígame! ¡Bueno! (México) ¡Oigo! (Cuba)
누구세요?	¿De parte de quién?
안또니오인데요.	De parte de Antonio. Aquí habla Antonio.
마리아를 바꿔주세요.	Póngame con María.
마리아와 통화하고 싶은데요.	Quisiera hablar con María.
전데요.	Con ella habla.
잠깐만요.	Un momento, por favor.
곧 바꿔드리겠습니다.	En seguida la(le) pongo.
지금 없어요.	Ahora no está.
나중에 거세요.	Llame más tarde.
나중에 다시 거세요.	Vuelva a llamar otra vez.
나중에 다시 걸게요.	Volveré a llamarle.
잘 안 들려요.	No le oigo bien.
끊지 마세요.	No cuelgue.
기다릴까요?	¿Espero?

잘못 거셨어요.	Está equivocado. Se ha equivocado.
몇 번에 거셨어요?	¿A qué número llama?
통화중입니다.	Está comunicando. Está ocupada la línea.
다른 전화를 받고 있습니다.	Está al teléfono. Está en otra línea.
전화번호를 주시겠습니까?	¿Podría darme el número(de teléfono)?
메모를 남기시겠습니까?	¿Quiere dejarle algún recado?
메모를 남겨도 되겠습니까?	¿Podría dejarle un recado?
자동응답기가 받네.	Habla el contestador automático.
119로 거십시오.	Marque el número uno uno nueve.

표현 10 • 주목!(¡Atención!)

여보세요!	¡Oiga! ¡Mire!
이봐요!	¡Oye! ¡Mira!
어디 보자.	¡A ver!
뭐?	¿Qué? ¿Cómo? ¿Perdón?
이 사람아!	¡Hombre! ¡Mujer!
좋아!	¡Bueno! ¡Bien!
조심해!	¡Cuidado!
안 보여?	¡No ves!
다시!	¡Otra vez!
뭐야!	¡Vaya!
그게 다야?	¿Eso es todo?

표현 11 • 양해(permiso)

괜찮겠어요?	¿Puedo? ¿Se puede? ¿Me permite? Permítame. Con permiso. ¿Le(Te) parece? ¿Le(Te) parece bien? ¿Le(Te) molesta?
물론이죠.	Claro que sí. Sí que puede. Claro que puede. Naturalmente que sí. Sí, hombre, sí.
왜 안 되겠어요?	¿Cómo no? ¿Por qué no?
괜찮아요.	No me molesta. No me importa.
안 됩니다.	¡No, no!
절대로 안 됩니다.	¡Imposible! De ninguna manera. Absolutamente que no.
허락할 수 없다.	No te lo permito. Te lo prohíbo.
괜찮지 않아요.	Sí, me molesta. Desde luego que me importa.

표현 12 • 명령(mandato)

해주세요.	Por favor.
의무입니까?	¿Es obligatorio?
해야 합니까?	¿Hay que hacerlo?
내가 해야 합니까?	¿Es mi obligación? ¿Es mi deber? ¿Tengo que hacerlo? ¿Debo hacerlo?
해라.	Hazlo.
할 거지?	¿Lo harás?
할 거니 말 거니?	¿Lo harás o no lo harás?
다른 선택이 없다.	No tienes otra opción.
다른 가능성이 없다.	No tienes otra posibilidad.
다른 방법이 없다.	No tienes otro remedio.
하는 것이 좋을 걸.	Es mejor que lo hagas.
힘내!	¡Ánimo! ¡Anímate!
계속해.	¡Sigue! ¡Continúa! ¡No pares!
자, 자.	¡Vamos! ¡Anda! ¡Venga! ¡Vayamos!

시도해 봐.	¡Inténtalo! ¡Convéncete!
그것을 하라고 명령한다.	Te ordeno que lo hagas. Te mando que lo hagas. Te digo que lo hagas.
그것을 하지 마라.	No lo hagas.
그것을 해서는 안 된다.	No tienes que hacerlo. No debes hacerlo.
너는 그것을 할 의무가 없다.	No es obligatorio que lo hagas.
네가 그것을 할 필요는 없다.	No es necesario que lo hagas.
강요하지 마세요.	No lo insista.

표현 13 • 제안(propuesta)

합시다.	Vamos.
내가 제안을 할게.	Sugiero una cosa. Propongo un plan. Quiero proponerte un plan.
내게 좋은 생각이 있어.	Tengo una buena idea. Mi plan es el siguiente. Tengo un plan estupendo.
어때?	¿Te parece? ¿Te vienes? ¿Te va bien?
나쁘지 않아.	No está mal. Me parece. Me parece bien. Sí que me va bien.
좋아.	Vale De acuerdo
근사해.	¡Estupendo! ¡Magnífico! ¡Qué buena idea! ¡Qué plan tan bueno!
생각을 말해봐.	Cuéntame tu plan. Dime tu plan.
별로야.	No me interesa. No me gusta. No me va bien. No estoy de acuerdo.

표현 14 • 기분(sentimiento)

됐어!	¡Basta!
조용히 해.	¡Cállate!
화난다.	Estoy indignado(a). Estoy enfadado(a). Estoy irritado(a).
기분 나빠.	¡Qué fastidio!
기분 나쁘다.	Me fastidia. Me molesta.
진짜 화나네!	¡Qué rabia!
나 좀 놔둬.	¡Déjame en paz!
지겹다.	Estoy harto(a).
열받게 하지 마.	No me calientes.
화가 치민다.	Estoy en las narices.
더 이상 참을 수 없어.	No puedo soportarlo más.
기가 막혀!	¡Jo!
나는 슬프다.	Estoy triste.
이런 고통이!	¡Qué pena! ¡Qué dolor! ¡Qué lástima! ¡Qué angustia! ¡Qué mal!
이런 불운이!	¡Qué desgracia!

불행하게도!	¡Por desgracia! Desgraciadamente Lamentablemente
기분 나쁘다.	Estoy de mal humor.
절망적이다.	Estoy deprimido(a). Estoy decepcionado(a). Estoy desesperado(a).
재수 없어.	¡Qué desastre! ¡Qué mala suerte! ¡Qué mala pata!
이럴 수가!	¡Qué lata! ¡Qué rollo! ¡Qué barbaridad!
하나님 맙소사	¡Dios mío! ¡Por Dios!
젠장	¡Vaya!
내 팔자야!	¡Pobre de mí!
그나마 다행이네!	¡Menos mal!
최소한	por lo menos como mínimo al menos
이제 나아졌어요.	Ahora ya me siento mejor.
이제 안정될 거야.	Ya puedes sentirte tranquilo(a).
안정!	¡Tranquilo(a)! ¡Calma!
진정해!	¡Tranquilízate! ¡Cálmate! ¡Relájate!

진정하세요!	¡Tranquilícese! ¡Cálmese! ¡Relájese!
힘!	¡Ánimo!
힘내!	¡Anímate!
힘내세요!	¡Anímese!
걱정하지 마.	No te preocupes.
괜찮아, 별일 아냐.	No pasa nada.
신경 쓰지 마.	No te pongas nervioso(a).
감정을 추슬러 봐.	Controla tus emociones.
놀라지 마.	No te asustes.
하나님이 도우실 거야.	Dios te ayudará.
좋은 면을 보도록 해.	Trata de ver el buen lado de las cosas.
희망을 잃지 마.	No pierdas las esperanzas.
정말 기쁘다.	¡Qué alegría! ¡Qué placer! ¡Qué bien!
나는 기쁘다.	Estoy alegre.
나는 만족한다.	Estoy contento(a).
기분 좋다.	Estoy de buen humor.
기뻐서 미치겠다.	Estoy loco(a) de alegría. Me vuelvo loco por alegría.
멋지다.	¡Estupendo! ¡Fantástico! ¡Extraordinario! ¡Magnífico! ¡Fenomenal! ¡Formidable!

좋다.	¡Bravo! ¡Viva! ¡Hurrá! ¡Olé!
하느님 덕분에!	¡Gracias a Dios!
상관없어.	No me importa.
마찬가지야.	Me da igual. Me da lo mismo.
칫!	¡Pse! ¡Pche!
뭐든지	(sea) lo que sea. cualquiera que sea
어디든지	(sea) donde sea
언제든지	(sea) cuando sea
누구든지	(sea) quien sea quienquiera que sea
네가 말하는 대로	lo que tú digas
네가 원하는 대로	como tú quieras
여기서 나는 손 뗄래.	En esto, me lavo las manos.
뭐?	¡¿Cómo?!
그래?	¡¿Sí?!
정말이야?	¡¿De verdad?! ¡¿De veras?!
놀랍다.	¡Es sorprendente! ¡Qué sorpresa!
믿을 수가 없군.	¡No me lo puedo creer!

그런 말 마.	¡Vaya! ¡No me digas!
농담하니?	¿Bromeas?
진심이야?	¿Hablas en serio? ¿Lo dices en serio?
어떻게 그럴 수가?	¿Cómo es posible?
입을 못 다물겠다.	Me dejas boquiabierto(a). Me has dejado con la boca abierta.
무섭다.	¡Qué miedo! ¡Qué horror! ¡Qué pánico! ¡Qué susto!
나는 무섭다.	Tengo miedo. Estoy asustado(a).
무서워 죽겠다.	Estoy muerto(a) de miedo.

표현 15 • 부탁해요!(¡Por favor!)

그것 좀 주세요.	¡Por favor! ¡Démelo! ¿Me puede pasarlo? Pásamelo.
그것 좀 빌려줘.	¿Me puedes prestarlo? Préstamelo.
여기 있어.	¡Toma! ¡Tómalo! ¡Coge! ¡Ten! Aquí lo tienes. Esto es para ti. Tuyo es. Te lo presto. Ya te lo daré.
여기 있어요.	¡Tome! ¡Tómelo! ¡Coja! ¡Tenga! Aquí lo tiene. Esto es para usted. Suyo es. Se lo presto. Ya se lo daré.

표현 16 • 대화(diálogo)

대화를 시작할 때

저,	Bien, Bueno, Pues, Mira, Mire, Entonces, A propósito, Hum, A ver, Es que, La verdad es que, Verás, Verá, Como diría, Digamos, Veamos,

대화를 마칠 때

됐습니다.	En fin. Eso es todo. Ya está. No hay más. ¡Y punto! ¡Punto final!

끝내기 위해서,	Para terminar, Para concluir, Para acabar, En conclusión,

화제를 바꾸기 위해

잠깐만요,	Espera, Un momento, Otra cosa, Perdone, ¡Oiga!
다른 얘기를 하죠.	Vamos a cambiar de tema. ¿Por qué no cambiamos de tema? ¿Qué les parece si pasamos a otro? Hablando de otra cosa, Pasemos página.

상대의 말을 끊을 때

됐어요.	Ya. ¡Ya basta! ¡Basta ya! ¡Alto!
조용히 하세요.	¡Cállese! ¡No hable más de eso! Que se calle. Haga el favor de callarse.

상대의 말을 잘 못 들었을 때

뭐라고요?	¿Cómo? ¿Qué? ¿Qué dice? ¿Qué ha dicho? No le he oído bien.
죄송한데, 다시 한 번...	Perdón, ¿puede repetir? Repita, por favor. Otra vez, por favor. ¿Me puede repetir una vez más?

다시 말할 때

다시 말씀 드리자면...	Repito, Es decir, O sea, Mejor dicho, Digamos, Dicho de otra manera,
예를 들면,	Por ejemplo, Un ejemplo, En otra palabra,

표현 17 • 식사 때(al comer)

드십시오.	¡Que aproveche! ¡Buen provecho! ¡Buen apetito!
맛있습니다.	¡Qué rico! ¡Qué sabroso!
배부릅니다.	Estoy lleno(a).
많이 먹었습니다.	Me he sancionado.
됐습니다. 감사합니다.	Ya. Gracias.
무엇을 드시겠습니까?	¿Qué quiere tomar? ¿Qué quiere comer?
소금통을 전해주시겠어요?	¿Quiere pasarme el salero? ¿Me puede pasar el salero?
전채로	de primero
주요리로	de segundo
후식으로	de postre

표현 18 • 축하(felicitación)

축하!	¡Felicidades! ¡Muchas felicidades! ¡Enhorabuena!
성탄축하!	¡Feliz Navidad!
생일축하!	¡Feliz cumpleaños!
기념일 축하!	¡Feliz aniversario!
축하해.	Te felicito.
진심으로 축하합니다.	Le felicito de todo corazón.
너는 그럴 자격있어.	Te lo mereces.
너무 그러지 마!	¡No seas exagerado!
아휴, 그건 과찬이야.	¡Huy, qué exagerado eres!
그 정도는 아녜요.	No hay para tanto.
건배!	¡Salud! ¡Chin chin! ¡Brindemos! ¡Viva! ¡Un brindis!
건강을 위하여!	¡A tu salud! ¡Por tu salud!
잔을 들어 건배합시다.	Levantemos las copas para brindar.
당신의 승진을 위해 건배합시다.	Hagamos un brindis por su elevación.

표현 19 • 무슨 일이야?(¿Qué pasa?)

무슨 일이야?	¿Qué te pasa? ¿Te sientes mal? ¿Qué te ha ocurrido?
무슨 일이십니까?	¿Qué le pasa? ¿Se siente mal? ¿Qué le pasa?
무슨 일이 있는 게 틀림없어.	Es cierto que te ha pasado algo.
안 좋아 보이네.	Te veo mal.
말해봐	Cuéntame.
어서!	¡Venga!

표현 20 • 수긍(afirmación)

예.	Sí.
예, 예, 알고 있어요.	Sí, sí, ya lo sé.
약간 알고 있어요.	Sí, sé algo de eso.
그렇게 말하네요.	Eso me han dicho.
그렇게 알려줬어요.	Me han informado de eso.
이제야 알겠네요.	Ahora me doy cuenta de eso.
알고 있었어요.	Ya lo sabía.
예, 확실해요.	¡Sí, claro! ¡Sí, por supuesto! Estoy seguro(a). Estoy completamente seguro(a). Seguridísimo(a). Lo tengo muy claro. Lo sé a ciencia cierta. No tengo ninguna duda. ¡Te lo juro!
맞아요.	¡Correcto! ¡Exactamente! ¡Justo! Ya lo creo.

표현 21 • 부인(negación)

몰라요.	No sé.
몰랐어요.	No lo sabía.
죄송한데 몰랐어요.	Lo siento, pero no lo sé.
모르고 있는데요.	No estoy informado(a) de eso.
전혀 몰라요.	No sé nada de eso.
전혀.	Ni idea.
마찬가지예요.	No es nada. No vale la pena. Me da igual. Me da lo mismo. ¡Qué más da!
상관없어요.	No importa.
내가 어떻게 알아요!	¡Yo qué sé! ¡Qué sé yo!
알게 뭐예요.	¡Quién sabe!
할 말 없어요.	No tengo nada que decirle.
그렇지 않아요.	No es correcto. No, no es así.
말 안 할래요.	Ni hablar.
어쩜!	¡Qué va!
하나님 맙소사!	¡Por Dios!

표현 22 • 전치사 'a'

주로 '~로/~담'의 뜻을 갖는다:

마리아에게(를)	a María
비가 올 것이다.	Va a llover.
지나가다 그를 보았다.	Le vi al pasar.
오후 3시에	a las tres de la tarde
4시경에	a eso de las cuatro
처음에는	al principio
그렇지!	¡A que sí!
아니지!	¡A que no!
계속해서	a continuación
내 생각으로는	a mi juicio/a mi parecer
숨어서	a escondidas
~하기 시작하다	comenzar/echar/empezar/ponerse + a + 동사원형
~냄새가 나다	oler a
~맛이 나다	saber a
~에서부터 시작하여	a partir de
말을 타다	montar a caballo
우리는 걸어서 간다.	Vamos a pie.
편하게	a gusto
반대로	al revés (de)

식사!	¡A comer! → a + 동사원형(명령을 할 때)
~에 관하여	respecto a ~
~ 초기에/초순에	a principios de ~
~ 중순에	a mediados de ~
~ 말경에	a fines de ~
강을 따라	a lo largo del río
억수로	a cántaros 비가 계속 억수로 쏟아진다. Sigue lloviendo a cántaros.
철통같이	a capa y espada 우리가 그를 철통같이 지킬 것이다. Lo defenderemos a capa y espada.
박장대소로	a carcajadas 나는 한번도 박장대소로 웃어 본 적이 없다. Nunca he reído a carcajadas.
카드로	a crédito 나는 카드로 차를 샀다. He comprado un coche a crédito.
왕처럼	a cuerpo de rey 그들은 항상 나를 왕처럼 대한다. Ellos me tratan siempre a cuerpo de rey.
찬성의	a favor 찬성 10표, 반대 2표 diez votos a favor y dos en contra
소리쳐	a gritos 그들은 항상 소리쳐 말한다. Ellos hablan siempre a gritos.

편히	a gusto 편히 있어. Quédate muy a gusto.
오른쪽으로	a la derecha 먼저 오른쪽으로 도시고 그 다음에 왼쪽으로 도세요. Primero gire a la derecha y luego a la izquierda.
연필로	a lápiz 이제 우리는 연필로 쓰지 않는다. Ya no escribimos a lápiz.
무작위로	al azar 나는 그것들을 무작위로 선택했다. Los he seleccionado al azar.
~에 맞추어	al compás de 우리는 음악에 맞추어 춤을 추었다. Bailamos al compás de la música.
멀리서	a lo lejos 멀리서 네바다 산이 보인다. Se divisan a lo lejos la Sierra Nevada.
소매로	al por menor 그들은 소매상들이다. Son distribuidores de al por menor.
도매로	al por mayor 그들은 물건을 도매로 판다. Venden mercancía al por mayor.
정기로	a plazo fijo 나는 모든 돈을 정기예금 해 두었다. He depositado a plazo fijo todos mis dineros.

할부로	a plazos 나는 차를 할부로 샀다. He comprado un coche a plazos.
지척에	a un tiro de piedra 그는 지척에 산다. Vive a un tiro de piedra.
전속력으로	a toda velocidad 전속력으로 달려! ¡Corre a toda velocidad!

표현 23 • 전치사 'ante'

~앞에	그는 법원에 출두하였다. Se presentó ante el tribunal.
무엇보다	ante todo(sobre todo)

표현 24 • 전치사 'bajo'

~아래	그는 처마 아래서 잤다. Durmió bajo el techo. 그는 조부의 보호 하에 컸다. Creció bajo la protección de los abuelos. 정부는 계속 통제 하에 있다. El gobierno permanece bajo control. 피고는 보석되었다. El acusado salió bajo fianza. 그는 모든 물건을 잠궈 두었다. Guardó todas las cosas bajo llave.

표현 25 • 전치사 'con'

열심히	con ahínco 우리는 항상 열심히 일한다. Trabajamos siempre con ahínco.
시간이 흐르면	con el tiempo 시간이 흐르면 잊게 돼. Lo tendrás olvidado con el tiempo.
정직하게	con la mano en el corazón 나는 너에게 그것을 정직하게 말하는 거야. Te lo digo con la mano en el corazón.
미친 듯이	con locura 나는 그녀를 미친 듯이 사랑합니다. La quiero con locura.
주의해서	con ojo 넘어지지 않게 주의해서 다녀. Anda con ojo para no caerte.

표현 26 • 전치사 'contra'

~에 대항하여	우리는 적군과 맞서 싸운다. Luchamos contra los enemigos.
~에 (부딪혀)	나는 벽에 부딪혔다. Me he atropellado contra la pared.
역경을 딛고	contra viento y marea 그들은 역경을 딛고 국경을 건넜다. Pasaron la frontera contra viento y marea.
전적으로	contra uñas y dientes 그는 전적으로 가족을 보호했다. Protegió a su familia contra uñas y dientes.

표현 27 • 전치사 'de'

주로 '~의 / ~부터'의 뜻을 갖는다:

마드리드시	la ciudad de Madrid
그는 에이즈로 죽었다.	Murió de SIDA.
나는 오늘 임시로 요리사를 한다.	Hoy estoy de camarero.
~전에	antes de
~후에	después de
~위에	encima de
이 집 저 집	de puerta en puerta
여행 중이다	estar de viaje
서 있다	estar de pie
공짜로	de balde
~ 가까이에	cerca de ~
~ 멀리에	lejos de ~
습관대로	de costumbre
진실로	de veras / de verdad
~한다면	그것을 알았더라면 일찍 왔을 것이다. De haberlo sabido, hubiera venido antes. → de + 동사원형(~한다면)

표현 28 • 전치사 'desde'

~앞에	그는 법원에 출두하였다. Se presentó ante el tribunal.
무엇보다	ante todo(sobre todo)
	오늘부터 내일까지 desde hoy hasta mañana
그 때부터	desde entonces
물론	desde luego

표현 29 • 전치사 'durante'

~동안	전쟁 동안 durante la guerra 방학 동안 durante las vacaciones

표현 30 • 전치사 'en'

~에	나는 집에 있다. Estoy en casa.
농담으로	en broma 농담으로 말한 거야. Lo dije en broma.
금식의	en ayunas 나는 금식 중이다. Estoy en ayunas.
헛되이	en balde 시간은 헛되이 흐르지 않는다. Nunca corre el tiempo en balde.
정정당당히	en buena lid 양 편은 정정당당히 겨뤘다. Ambos partidos competían en buena lid.
연속으로	en cadena 연쇄 충돌이 있었습니다. Hubo un choque en cadena.
~한 경우에	en caso de 응급한 경우엔 알려 줘. En caso de urgencia avísame.
통용의	en circulación 당신 나라의 통용 화폐는 무엇입니까? ¿Cuál es la moneda en circulación de su país?

상세히	en detalle 상세히 말해봐. Dime en detalle.
현찰로	en efectivo 현찰로 내시겠어요, 아니면 카드로 내시겠어요? ¿Quiere pagar en efectivo o con tarjeta?
차갑게	en frío 차갑게 보관하십시오. Consérvese en frío.
멀리서	en lontananza 멀리서 배의 윤곽이 보였다. Se veía la silueta de un barco en lontananza.
산산조각으로	en (mil) pedazos 유리컵이 산산조각이 났다. Se me rompió el vaso de vidrio en mil pedazos.
조용히	en paz 나를 조용히 내버려둬. Déjame en paz.
규정대로	en regla 당신의 서류는 모두 규정대로입니다. Usted tiene todos los documentos en regla.
헛수고로	en saco roto 내가 한 충고가 헛수고가 되었다. Le han caído en saco roto mis consejos.
몰래	en secreto 그들은 몰래 도망쳤다. Se huyeron en secreto.

줄줄이	en tromba 그들은 줄줄이 나갔다. Salieron en tromba.
몰려서	en tropel 백화점이 열리자 마자 사람들이 몰려서 들어갔다. En cuanto se abrió el almacén las personas entraron en tropel.
효력 발생의	en vigor 법령은 이미 효력이 발생했다. La ley ya está en vigor.

표현 31 • 전치사 'entre'

~사이에	너와 나 사이에 entre tú y yo
~틈에	군중들 틈에 entre el público
틀어박혀	entre cuatro paredes 그는 집에 틀어박혀 지낸다. Se queda entre cuatro paredes.
속 뜻으로	entre líneas 책은 속 뜻을 읽어야 한다. Hay que leer un libro entre líneas.
뱃속에	entre pecho y espalda 그는 뱃속에 샐러드를 양껏 밀어 넣었다. Se metió entre pecho y espalda las ensaladas.

표현 32 • 전치사 'excepto'

~을 제외하고	일요일을 제외하고 excepto los domingos

표현 33 • 전치사 'incluso'

심지어 ~까지	심지어 일요일까지 incluso los domingos

표현 34 • 전치사 'salvo'

~앞에	그는 법원에 출두하였다. Se presentó ante el tribunal.
무엇보다	ante todo(sobre todo)

표현 35 • 전치사 'según'

~에 따라	법에 따라 según la ley 신문에 의하면 según el periódico 계약에 의하면 según el contrato 아버지 말씀에 따르면 según el padre 형편에 따라 según y conforme

표현 36 • 전치사 'hacia'

~방향으로	집 쪽으로 hacia casa 남쪽으로 hacia el Sur
~경	3시경 hacia las tres

표현 37 • 전치사 'hasta'

~까지	여기서 거기까지 de aquí hasta allá 1시에서 2시까지 de la una hasta las dos
심지어	심지어 1원까지 hasta un won

표현 38 • 전치사 'para'

주로 '~위하여/~까지'의 뜻을 갖는다:

그는 집을 위해 돈을 저축하고 있다.	Está ahorrando el dinero para la casa.
너를 위해 그것을 가져왔다.	Lo he traído para ti.
의심에서 벗어나기 위해 난 그에게 그것을 물었다.	Se lo pregunté para salir de dudas.
내가 그를 만났을 때 그는 집으로 가고 있었다.	Iba para su casa cuando me lo encontré.
크리스마스까지는 10일이 남았었다.	Faltaban diez días para la Navidad.
그것은 그가 늘 주던 것 치고는 너무 많다.	Eso es de mucho para lo que él suele dar.
내가 농담하는 것이 아니다.	No estoy para bromas.
영원히	para siempre

표현 39 • 전치사 'por'

주로 '~때문에/~통하여'의 뜻을 갖는다:

우리는 민주주의를 위해 싸운다.	Luchamos por la democracia.
말하기 위해 말을 하다.	hablar por hablar.
성공을 위해 건배합시다.	Brindemos por el buen éxito.
우리는 살라망까를 통해 포르투갈에 간다.	Iremos a Portugal por Salamanca.
지금으로서는	por ahora
오후에	por la tarde
오전에	por la mañana
밤에	por la noche
낮에	por el día
그래서	por eso por tanto por lo tanto
서면으로	por escrito
아무리 ~해도	por más(mucho) que
따라서	por consiguiente
무엇 때문에?	¿Por......? → ¿Por qué?의 뜻으로 대화체에서 많이 사용된다.
혹시나	por si acaso
도매로	al por mayor

소매로	al por menor
예를 들어	por ejemplo
대략	por encima
적어도/하다못해	por lo menos

표현 40 • 전치사 'sobre'

~위에	상위에 sobre la mesa
~에 관하여	그 사안에 관하여 sobre el asunto
~외에	봉급 외에 sobre el sueldo
대강	2시경 sobre las dos
~후에	낮잠 후에 sobre la siesta
~앞으로	당신 앞으로 온 편지 la carta sobre usted
무엇보다	sobre todo

표현 41 • 전치사 'sin'

~없이	직업 없이 sin empleo 의심없이 sin duda 틀림없이 sin falta
먹지 않고	sin comer
그럼에도 불구하고	sin embargo
별일 없이	sin pena ni gloria
돌리지 말고	sin rodeos

표현 42 • 전치사 'tras'

~뒤에	몇 달 뒤에 tras unos meses 문 뒤에 tras la puerta
~을 따라	돈을 따라 tras el dinero 차례차례로 uno tras otro

상황

situación

상황 01 • 비행기 안에서(en el avión)

기본표현 1(expresión básica 1)

A : 어서 오십시오!	¡Bienvenidos!
B : 안녕하세요.(오후)	Buenas tardes.
A : 안녕하세요.(아침)	Buenos días.
B : 안녕하세요.	Buenos días.
A : 안녕하세요.	Buenas tardes.
B : 안녕하세요.	Muy buenas.
A : 안녕하세요.(밤)	Buenas noches.
B : 안녕하세요.	Muy buenas noches.

스페인어 한마디 palabra clave

1. ¡Hola! 아무 때나 누구에게나 만났을 때 할 수 있는 간단한 인사
   ¡Adiós!/¡Chao! 아무 때나 누구에게나 헤어질 때 할 수 있는 간단한 인사
   ¡Hasta luego! 또 봐!

2. Buenos días. 아침 인사
   Buenas tardes. 오후 인사
   Buenas noches. 밤 인사
   *대답하는 사람은 똑같이 답을 하거나 'Muy buenas.'로 간략하게 할 수 있다.

대화 I (diálogo I)

A : 어서오십시오, 여러분!　이쪽으로 가십시오.

¡Bienvenidos, señores!　Pasen por aquí, por favor.

B : 고맙습니다.

Gracias.

A : 저희 비행기에 탑승하신 것을 환영합니다, 아가씨들.

¡Bienvenidas a nuestro vuelo 056, señoritas!

B : 안녕하세요.

Muy buenas tardes.

A : 즐거운 여행이 되세요!

¡Feliz viaje!

B : 고맙습니다!

¡Gracias!

표현설명 expresiones

우리말에는 어미에 부탁이나 감사를 표현할 수 있게 되어 있지만 스페인어는 그렇지 못하므로 'Por favor.'(부탁합니다.), 'Gracias.'(감사합니다.)를 쓰는 연습을 해야 한다.

Muchas gracias.

Muchísimas gracias.

Mil gracias.

Miles de gracias. 등으로 '매우 감사합니다.'를 표현할 수 있다.

단어 vocabulario

bienvenido(a) 환영의
tarde 오후(f), 늦게
noche f. 밤
pasar 5 지나가다, 통과하다
aquí 여기
gracias f. 감사
nuestro(a) 우리의
muy 매우, 아주
feliz 즐거운, 행복한
bueno(a) 좋은
día m. 날, 하루
señor m. 선생님, ...씨
por ...를 통하여, ...에 의하여
favor m. 호의
señorita f. 아가씨
vuelo/avión m. 비행기
a ...에, ...을 향하여
viaje m. 여행

기본표현 2(expresión básica 2)

A : 무얼 좀 드시겠습니까?	¿Quiere tomar algo?
B : 오렌지 쥬스를 주세요.	Un zumo de naranja, por favor.
A : 커피드시겠습니까?	¿Quiere café?
B : 아니요, 괜찮습니다.	No, gracias.
A : 무엇을 드시겠습니까?	¿Qué quiere tomar?
B : 커피주세요.	Un café, por favor.

스페인어 한마디 palabra clave

1. 'querer'는 '좋아하다, 원하다'라는 뜻의 동사로 이 동사 하나로 최소한 '내가 무엇을 원한다'는 뜻을 전달할 수 있다.
   Te quiero. (나는 너를 좋아한다.)

2. '커피를 드시겠어요?'라는 물음에 답할 때, '예, 감사합니다.'는 'Sí, por favor.'로, '아니요, 됐습니다.'는 'No, gracias.'로 한다.

대화 II (diálogo II)

A : 뭘 좀 드시겠습니까?

Buenas tardes. ¿Quiere Ud. tomar algo?

B : 네, 콜라 한잔 주세요. 실은 멀미가 나서요. 비행기를 처음 타서 그러나 봐요.

Sí, quiero una coca. Es que tengo náuseas, porque es la primera vez que tomo el avión.

A : 그렇게 하지요. 여기 있습니다.

A sus órdenes. Aquí está.

B : 고맙습니다.

Muchas gracias.

A : 맛있게 드세요.

Buen provecho.

B : 그런데 몇 시에 마드리드에 도착하지요?

A propósito, ¿a qué hora llegamos a Madrid?

A : 오전 9시에요. 아직 5시간 남았네요.

A las 9 de la mañana. Nos quedan 5 horas todavía.

B : 아이구 맙소사!

¡Dios mío!

표현설명 expresiones

1. 'es que ~'는 자연스럽게 말을 시작하는 표현으로, 생략해도 뜻에는 아무 지장이 없다.

2. 'a sus órdenes'는 아주 공식적인 표현이고, 보통 '알겠어'라고 할 때는 'vale' 또는 'de acuerdo'를 사용한다.

3. 'nos quedan 5 horas'에서 'quedar'는 '남아있다'는 뜻으로 '5 horas'가 주어가 되어 'quedan'이 된 것이고, 항상 'nos'와 같은 간접목적격과 함께 표현한다. 이 때 'a nosotros nos quedan 5 horas'처럼 'nos' 앞에 'a nosotros'를 부가해서 사용해도 무방하다.

단어 vocabulario

querer 42 원하다, 좋아하다
algo 어떤 것
estar 4 있다, ...한 상태이다
un poco 조금, 약간
porque 왜냐하면
vez f. 차례, 횟수
provecho m. 이익
hora f. 시간
Dios m. 신
tomar 5 마시다, 타다
ser ...이다, ...하다
un 하나의, 어떤
náuseas f. 멀미
primero(a) 처음의, 첫번째
orden f. 주문, 명령
propósito m. 목적
llegar 5 도착하다
mío(a) 나의

기본표현 3(expresión básica 3)

A : 실례합니다. 오늘 신문 주세요.	Perdón. El periódico de hoy, por favor.
B : 잠시만 기다리세요.	Un momento, por favor.
A : 여기서 담배 피워도 됩니까?	¿Puedo fumar aquí?
B : 미안하지만, 여기서는 담배를 피울 수 없습니다.	Lo siento. Se prohíbe fumar aquí.
A : 담요가 필요합니다.	Necesito una cobija.
B : 곧 갖다 드리겠습니다.	Ahora mismo se la traigo.

스페인어 한마디 palabra clave

1. 'perdón'과 'lo siento'는 둘 다 '죄송하다'는 뜻이다.

2. 'ahora'는 '지금'이라는 뜻이고 'ahora mismo'는 '지금 당장'이라는 뜻이다.

대화 III (diálogo III)

A : 승무원 아가씨, 우유 좀 주세요.

Azafata, deme leche, por favor.

B : 죄송합니다. 우유가 다 떨어졌네요.

Lo siento, señor. Se acabó la leche.

A : 그럼 물은 있습니까? 갈증이 많이 나서요.

Entonces, ¿tiene agua? Yo tengo mucha sed.

B : 물론있구 말고요. 지금 가져올게요.

Claro que sí. La tenemos. Ahora mismo se la traigo.

A : 고맙습니다.

Gracias.

그런데 얼음은 있나요?

A propósito, ¿tiene hielo?

B : 죄송합니다. 얼음이 없는데요.

Lo siento, tampoco tenemos hielo.

A : 아, 됐어요. 그냥 물만 한 컵 주세요.

Bueno, solo deme un vaso de agua.

표현설명 expresiones

1. 'Ahora mismo se lo traigo.'에서 'se'는 '당신에게'(le), 'lo'는 '그것을(남성 단수)인데 '~에게 ~을'이 모두 3인칭이므로 '당신에게'(le)를 'se'로 바꿔 쓴 것이다.

2. 'tampoco'는 '~도 아니다'라는 뜻의 부정어로 문장 맨 앞에 나올 경우 부정어 'no'는 사용하지 않으나 그 외의 위치에 나오면 부정어 'no'를 문장 앞에 써야 한다:
   Tampoco tenemos hielo.
   No tenemos hielo tampoco.

단어 vocabulario

azafata f. 승무원, 스튜어디스
traer 47 가져오다
solo 단지
acabarse 5 모두 다 마치다, 다 쓰다
hielo m. 얼음
vaso m. 컵

관련 단어 palabras para consulta

❶ 비행기	**aeroplano / avión**
❷ 관제탑	**torre de control**
❸ 활주로	**pista de aterrizaje**
❹ 비행기 동체	**fuselaje**
❺ 날개	**ala**
❻ 모터	**motor de reacción**
❼ 꼬리	**timón de cola**
❽ 중앙승객출구	**puerta de pasajeros central**
❾ 후방승객출구	**puerta de pasajeros trasera**
❿ 측면 창문	**ventana lateral**
⓫ 조종실	**cabina de pilotaje**
⓬ 승객용 좌석이 있는 승객실	**cabina de pasajeros con asientos para los pasajeros**
⓭ 조종사	**capitán**
⓮ 관제판	**panel de control**

음료수 la bebida

물	agua
커피	café
레몬홍차	té con limón
블랙커피	café solo
밀크커피	café con leche
홍차	té
녹차	té verde
우유	leche
쥬스	zumo, jugo
오렌지 쥬스	zumo de naranja
토마토 쥬스	jugo de tomate
콜라	coca, cocacola
탄산수	agua tónica
탄산음료	gaseosa
광천수	agua mineral
맥주	cerveza
칵테일	cóctel
위스키	wisky
꼬냑	coñac
샴페인	champán(스페인) champaña(중남미)
포도주	vino
갈아만든 오렌지 쥬스	jugo exprimido de naranja

상황 02 • 공항에서(en el aeropuerto)

기본표현 1(expresión básica 1)

A : 여권 좀 보여주세요.	Pasaporte, por favor.
B : 여기 있습니다.	Aquí tiene Ud.
A : 여권 좀 보여주세요.	Pasaportes, por favor.
B : 여기 있습니다.	Aquí están.
A : 성함이 어떻게 되시죠?	¿Cómo se llama Ud.?
B : 제 이름은 김 민국 입니다.	Me llamo Minkuk Kim.
A : 어디서 오셨습니까?	¿De dónde es Ud.?
B : 서울에서요.	Soy de Seúl.
A : 이곳에 얼마나 머무를실 겁니까?	¿Cuánto tiempo va a estar aquí?
B : 약 보름정도요.	Más o menos 15 días.

스페인어 한마디 palabra clave

1. '여기 있습니다.'는 'Aquí tiene.' 또는 'Aquí están(está).'로 표현한다.

2. 'aquí'는 '여기'이고 '저기'는 'allí /ahí'이다.

대화 I (diálogo I)

A : 여권 좀 보여주세요.

Pasaporte, por favor.

B : 여기 있습니다.

Aquí tiene Ud.

A : 어디에서 오셨습니까?

¿De dónde viene Ud.?

B : 한국에서요.

De Corea.

A : 방문 목적이 무엇이지요?

¿Cuál es el motivo de su visita?

B : 관광차 왔습니다.

Estoy de turismo.

A : 얼마나 머무르실 겁니까?

¿Cuánto tiempo va a estar aquí?

B : 한 달 정도요.

Más o menos un mes.

A : 됐습니다. 가십시오. 즐거운 체류기간이 되시길!

Todo está bien, pase. ¡Feliz estancia!

B : 고맙습니다.

Muchas gracias. Adiós.

표현설명 expresiones

1. 'ser de'는 출신, 재료, 소유를 표현할 수 있으며, '...출신이다, ...으로 되어있다, ...의 것이다'라는 뜻을 나타낸다.

2. '머무르다'는 'estar' 외에 'quedar'를 사용할 수 있다.

3. 'ir + a + inf.'(동사원형)은 '...할 것이다, ...하려고 한다'의 뜻으로, 가까운 미래에 일어날 일을 표현한다.

4. '¿Cuánto(a)...?'는 수량을 물을 때 쓴다.

5. 'más o menos'는 '대략'이라는 뜻이다.

단어 vocabulario

pasaporte m. 여권
dónde 어디
venir [80] 오다
turismo m. 관광
tiempo m. 기간, 날씨
estancia f. 체류
tener [2] 가지다
Corea 한국
visitar [5] 방문하다
cuánto 얼마
feliz 즐거운, 행복한

기본표현 2(expresión básica 2)

A : 신고할 물건 있으세요?	¿Tienen algo que declarar?
B : 아니요, 신고할 게 없습니다.	No, no tenemos nada que declarar.
A : 신고할 것은요?	¿Algo que declarar?
B : 없습니다.	Nada.
A : 가방이 몇 개입니까?	¿Cuántas maletas trae Ud.?
B : 큰 가방 2개와 손가방 하나입니다.	Dos maletas grandes y una cartera.

스페인어 한마디 palabra clave

1. 'algo'는 영어의 'something'이나 'anything'에 해당한다.

2. 'nada'는 영어의 'nothing'에 해당한다. 단, 'nada'가 문장 맨 앞에 나오면 'no'를 쓰지 않는다:
   아무 것도 신고할 것이 없습니다.
   Nada que declarar.
   No tengo nada que declarar.

대화 II (diálogo II)

A : 안녕하세요. 신고하실 물건 있습니까?

¿Tiene algo que declarar?

B : 없습니다.

No, señor.

A : 가방이 몇 개입니까?

¿Cuántas maletas trae Ud.?

B : 트렁크 2개와 작은 손가방 하나입니다.

Dos maletas y una cartera pequeña.

A : 저 검은 색 트렁크를 열어주세요.

Abra aquella maleta negra, por favor.

B : 어떤 거요? 아, 저 검은색은 제 것이 아니예요.

¿Cuál? Ah, aquella negra no es mía.

A : 그럼 당신 것은 어느 것입니까?

Entonces, ¿cuál es la suya?

B : 이 두 개입니다.

Estas dos.

표현설명 expresiones

1. 'algo'와 'nada'는 불특정대명사로 정해지지 않은 '어떤 것'을 의미하며, 'algo'는 긍정, 'nada'는 부정의 뜻으로 쓰인다.

2. 'algo que inf.'(동사원형)은 '...할 것'이라는 뜻이다. 또는 'algo de inf.'로 사용할 수 있다.
   뭐 먹을 것 좀 있니?
   ¿Tienes algo que comer?
   ¿Tienes algo de comer?

단어 vocabulario

algo 어떤것, 무엇
declarar [5] 신고하다
traer [47] 가져오다
dos 2, 두 개의
negro(a) 검은색
cuál 어떤 것
esto 이것
nada 아무것
maleta f. 가방, 트렁크
cartera f. 손가방, 서류가방
aquel(la) 저것의
mío(a) 나의
eso 그것
mano f. 손

기본표현 3(expresión básica 3)

A :	오늘 환율이 어떻게 되죠?	¿Cuál es el cambio de hoy?
B :	달러당 1,000원입니다.	Mil wones por dólar.
A :	100달러를 유로로 바꾸고 싶습니다.	Quiero cambiar 100$ en euro.
B :	어떻게 드릴까요?	¿Cómo lo quiere?
A :	이 여행자 수표를 현금으로 바꿀 수 있나요?	¿Puedo cambiar este cheque de viajero en efectivo?
B :	물론이지요.	Por supuesto.

스페인어 한마디 palabra clave

1. '~당'이라고 할 때 전치사 'por'를 사용한다:
   하루에 por día
   한 명에 por persona

대화 III (diálogo III)

A : 안녕하십니까?

Buenos días.

B : 안녕하세요. 무엇을 도와드릴까요?

Buenos días. ¿En qué puedo servirle?

A : 300달러를 유로로 바꿔주십시요.

Cámbieme 300 dólares en euro, por favor.

B : 어떻게 드릴까요?

¿Cómo lo quiere Ud.?

A : 오늘 달러 환율은 어떻게 됩니까?

¿A cuánto está el dólar hoy?

B : 1달러당 0.8유로입니다.

A 0,8 euros por dólar.

A : 모두 현금으로 주세요.

Todo en efectivo, por favor.

B : 알겠습니다. 여기 있습니다.

De acuerdo. Aquí están.

A : 감사합니다.

Muchas gracias.

B : 천만에요.

De nada.

표현설명 expresiones

1. 전치사 'por'는 '...마다, ...당'이라는 표현으로 쓰일 수 있을 뿐만 아니라, '...으로'라는 뜻으로도 사용된다. 따라서 다음의 두 가지 표현이 가능하다:
   Mis padres me dan diez mil wones por día. (나의 부모님은 나에게 하루에 만원씩 주십니다.)
   Quiero cambiar 500 dólares por wones. (500달러를 원화로 바꾸고 싶습니다.)

2. 'querer + inf.'는 '...하고 싶다, ...하길 원하다'라는 뜻이다.

3. '¿Cómo ...?'는 '어떻게'라는 뜻의 의문사이다.

단어 vocabulario

poder [40] 할 수 있다
cambiar [5] 바꾸다
trescientos(as) 300
euro m. 유로
lo 그것을
servir [5] 봉사하다, 섬기다
me 나에게
dólar m. 달러
cómo 어떻게
acuerdo m. 일치

공항 el aeropuerto

비행기	**avión**
노선	**línea**
국제선	**vuelo internacional**
국내선	**vuelo doméstico/nacional**
공항	**aeropuerto**
이륙	**despegue**
착륙	**aterrizaje**
낙하산	**paracaídas**
조종사	**piloto**
스튜어디스	**azafata**
승객	**pasajero**
여권	**pasaporte**
세관	**aduana**
티켓	**billete o boleto de avión**
왕복	**ida y vuelta**
대합실	**sala de espera**
안전벨트	**cinturón de seguridad**
목적지	**destino**
출발지	**lugar de partida**
안내소	**oficina de información**
시간표	**horario**
수하물	**equipaje**
기내 수하물	**equipaje de mano**
면세점	**tienda libre de impuestos**
탑승구	**puerta de embarque**

상황 03 • 택시에서(en el taxi)

기본표현 1(expresión básica 1)

A : 그라나다 호텔로 갑시다.	Vamos al Hotel Granada, por favor.
B : 그러지요.	Vale.
A : 어디로 가십니까?	¿A dónde quiere ir?
B : 쁘라도 박물관으로 갑시다.	Al Museo del Prado, por favor.
A : 이 버스는 쁠라사 마요르로 갑니까?	¿Pasa este autobús por la Plaza Mayor?
B : 네, 타세요.	Sí. Suba, por favor.

스페인어 한마디 palabra clave

동의나 승낙의 표현으로 스페인에서는 'Sí.', 'De acuerdo,', 'Bueno.', 'Bien.' 등을 사용하며, 특히 'Vale.'를 많이 사용한다.

대화 I (diálogo I)

A : 택시, 택시!

¡Taxi, taxi!

B : 어서오십시오.

¡Bienvenido!

A : 인터콘티넨탈 호텔로 갑시다.

Vamos al Hotel Intercontinental, por favor.

여기서 먼가요?

¿Está lejos de aquí?

B : 아니요. 가까워요. 차로 30분 정도 걸립니다.

No, está cerca. Aproximadamente a 30 minutos en coche.
피곤해 보이시는데 관광객이십니까?
Le veo cansado, ¿verdad? ¿Es Ud. viajero?

A : 네. 한국인입니다.
Sí. Soy coreano.
비행기 멀미가 나서 한 숨도 못 잤어요.
No pude dormir porque tuve náuseas en el avión.

B : 이곳에 처음 오셨습니까?
¿Es la primera vez que viene aquí?

A : 네.
Sí.

B : 그런데 스페인어를 아주 잘 하시네요.
Ud. habla muy bien el español.
어디서 배우셨어요?
¿Dónde lo aprendió?

A : 서울에서요.
En Seúl.

B : 아주 완벽하게 하시는군요.

¡Lo habla perfectamente!

A : 감사합니다.

Muchas gracias.

표현설명 expresiones

1. 'vamos'는 동사 'ir'(가다)의 직설법 현재 복수 1인칭 변화로 '~합시다'로 사용되거나 '가다'의 뜻으로는 뒤에 '~a'가 와서 '~로'의 뜻을 부가시킨다.

2. '...로'라고 장소나 목적지를 쓸 때 전치사 'a'를 쓴다. 또한 시간이나 거리 등의 단위를 표현할 때도 사용한다:
   출구에서 20km 지점에 a veinte km de la salida
   걸어서 10분 정도에 a diez minutos a pie
   오늘은 기온이 15도입니다. Hoy estamos a quince grados.

3. '¿Dónde...?'는 '어디?'라는 장소를 묻는 의문사이다.

단어 vocabulario

lejos 먼
tardar 5 (시간이)...걸리다
cansado(a) 피곤한
aprender 24 배우다
cerca 가까운
más o menos 대략, 약
venir 80 오다
perfectamente 완벽하게

기본표현 2(expresión básica 2)

A : 웬 차가 이리 많담!	¡Qué tráfico!
B : 러시아워입니다.	Es la hora punta.
A : 꽉 막혔군!	¡Qué atasco!
B : 걷는 게 나아요.	Es mejor caminar.
A : 거리에 정말 차가 많군요!	¡Cuántos coches en la calle!
B : 이 시간에는 언제나 그래요.	A esta hora siempre pasa lo mismo.

스페인어 한마디 palabra clave

1. ¡Qué!는 이 자체가 감탄문이 될 수 있다. 또한 'qué'는 상황과 표정, 그리고 강세나 어조에 따라 다양한 뜻을 표현 할 수 있다.

2. 시각을 표현할 때는 전치사 'a'와 함께 쓴다:
   2시에 a las dos
   2시 정각에 a las dos en punto
   2시 15분에 a las dos y cuarto(quince)
   2시 15분 전에 a las dos menos cuarto(quince)
   2시 반에 a las dos y treinta(media)

대화 II (diálogo II)

A : 와, 길이 너무 막히네요! 호텔까지는 아직 멀었나요?

¡Qué tráfico en la calle! ¿El hotel (se) queda lejos?

B : 아닙니다. 거의 다 왔습니다. 시내가 워낙 교통체증이 심해서요.

No, está aquí cerca. Es que hay mucho tráfico en el centro.

A : 이곳도 우리나라처럼 자동차가 너무 많군요.

Aquí hay tantos coches como en nuestro país.

버스, 전철 등과 같은 대중교통을 이용하는 것이 훨씬 더 경제적일텐데...

Sería más económico utilizar el transporte público como el metro, autobús, etc..

B : 그러나 자동차가 더 편안하지요.

Pero es más cómodo el coche.

A : 그래요. 하지만 이렇게 차들이 많아서야 목적지까지 제때에 도착하기 힘들겠어요.
차라리 걷는 게 더 낫겠습니다.

Es verdad. Será muy difícil llegar al destino a tiempo por tantos coches.
Es mejor caminar.

B : 맞습니다. 차들이 도로를 가득 메우고 있으니 우리 택시기사들도 운전하기 힘들어요.

Tiene razón. La calle está llena de coches, por lo tanto, es difícil conducir para nosotros los taxistas.

A : 그래요, 정말이에요. 아, 조심하세요!

¡Sí, verdad! Ah, ¡cuidado!

표현설명 expresiones

1. 감탄문은 기본적으로 '¡Qué + 명사 + tan + 형용사!'나 '¡Qué(Cuán) + 형용사 + 동사 + 명사!'의 형식을 취하며, 간단하게 '¡Qué + 명사(형용사)!'의 형식으로 표현할 수도 있다.

2. 'ser'는 '~이다'라는 뜻이다. 'Es + 형용사 + inf.'형태의 표현이 있다.
   Es necesario leer mucho. 독서를 많이 하는 것이 필요합니다.
   Me es necesario leer mucho. 나는 독서를 많이 하는 것이 필요합니다.

3. 'pasar'는 '지나가다'와 '(어떠한 일이) 일어나다'라는 뜻이 있다.
   El coche pasa por el centro. 이 차는 시내를 지난다.
   ¿Qué te pasa? 무슨 일이니?

4. 'lo + 형용사'는 '~하는 것'이라는 명사를 만든다.
   lo corto: 짧은 것

5. '¡cuidado!'(조심해!)는 다르게 '¡ojo!'(눈)로 표현할 수 있다.

단어 vocabulario

tráfico m. 교통
centro m. 시내, 중심
utilizar 이용하다
público(a) 대중의, 공공의
cómodo(a) 편안한
a tiempo 제 시간에
lleno(a) 꽉찬
quedarse ...에 있다
económico(a) 경제적인
transporte m. 운송, 교통
metro m. 전철
destino m. 목적지
caminar 걷다
lástima f. 유감

기본표현 3(expresión básica 3)

A : 얼마입니까?	¿Cuánto es?
B : 12유로입니다.	12 euros.
A : 얼마를 내지요?	¿Cuánto pago?
B : 500유로입니다.	500 euros.
A : 거스름돈은 놔두세요.	Quédese con el cambio.
B : 고맙습니다. 안녕히 가십시오!	Muchas gracias. ¡Que le vaya bien!

스페인어 한마디 palabra clave

여행을 가는 사람에게 ¡Vaya con Dios!, ¡Buen viaje! 등으로 인사한다.

대화 III (diálogo III)

A : 드디어 호텔에 도착했습니다.

Por fin, llegamos al Hotel.

B : 얼마입니까?

¿Cuánto cobra?

A : 25유로입니다.

25 euros.

B : 여기 30유로 받으시고 거스름돈은 넣어 두세요.

Tome 30 euros y el cambio es para Ud.

A : 손님, 정말 고맙습니다.

Muchísimas gracias, señor.

B : 별 말씀을요.

No hay de qué.

A : 즐거운 여행이 되길 바랍니다! 제가 필요하시면 우리 택시 회사로 전화주세요. 즉시 모시러 오겠습니다.

¡Que tenga feliz viaje! Si me necesita, llame a nuestra compañía de taxis, por favor. Le recogeré en seguida.

B : 그렇게 하지요. 그럼 안녕히 가십시오!

De acuerdo. ¡Adiós, hasta luego!

A : 안녕히 가세요!

¡Que le vaya bien!

표현설명 expresiones

1. 가격을 물어보는 표현은 '¿Cuánto cuesta?', '¿Cuánto vale?', '¿Cuánto es?', '¿Cuánto le debo?' 등의 표현을 사용한다.
2. 'quedarse'는 '(...한 상태에)있다, 남다'라는 뜻이다.
3. 'con'은 '...과'라는 뜻이다.
4. 'No hay de qué.'는 아주 공식적인 표현이고 보통은 'De nada.'를 사용한다.

단어 vocabulario

fin m. 끝, 종말
compañía f. 회사
cambio m. 거스름돈, 변화
llegar 5 도착하다
recoger 34 잡다, 타다
llamar 5 부르다, 전화하다

⊙ 관련 단어 palabras para consulta

❶ 버스 **autobús**

❷ 요금 받는 사람 **cobrador**

❸ 운전사 **conductor**

관련 단어 palabras para consulta

❶ 택시	taxi / coche
❷ 후방 창문	retrovisor
❸ 기름 넣는 곳	tapón de la gasolina
❹ 후방 라이트	luz trasera
❺ 지시등	indicador luminoso
❻ 범퍼	parachoques
❼ 배출구	tubo de escape
❽ 타이어	neumático
❾ 안테나	antena
❿ 번호판	matrícula
⓫ 택시 운전사	taxista

교통 el transporte

철도	**ferrocarril**
기차	**tren**
기관차	**locomotora**
전철	**metro**
자동차	**coche**
버스	**autobús**
택시	**taxi**
오토바이	**moto(cicleta)**
자전거	**bicicleta**
배	**barco**
비행기	**avión**
트럭	**camión**
정류장	**parada**
역	**estación**

상황 04 • 호텔에서(en el hotel)

기본표현 1(expresión básica 1)

A : 싱글룸 있나요?	¿Tiene habitación sencilla?
B : 죄송합니다, 빈 방이 없군요.	Lo siento, no tenemos habitación libre.
A : 트윈베드 방을 예약했습니다.	Tenemos reservada la habitación con dos camas.
B : 성함을 말씀해 주시죠.	Nombre completo, por favor.
A : 아침식사는 포함되어 있나요?	¿Está incluido el desayuno?
B : 물론입니다.	Claro que sí.

스페인어 한마디 palabra clave

'Tener + 과거분사 + 명사'의 표현에서 과거분사는 명사의 상태를 설명하는 것이다. 그러므로 뒤에 나오는 명사의 성과 수에 일치시킨다.

대화 I (diálogo I)

A : 안녕하세요. 무엇을 도와드릴까요?

Buenas noches. ¿En qué puedo servirle a Ud.?

B : 오늘밤 이 호텔에서 묵을까 하는데 빈 방이 있나요?

Quisiera pasar la noche en este hotel, ¿tiene una habitación libre?

A : 예약은 하셨습니까?

¿Tiene Ud. reservación?

B : 아니요.

No, señor.

A : 어디 봅시다. 네, 욕실 딸린 더블룸이 하나 있군요.

Vamos a ver... Sí, hay una habitación doble con baño.

B : 1박에 얼마입니까?

¿Cuánto cuesta por una noche?

A : 200유로입니다.

200 euros.

B : 좋아요. 방은 깨끗하고 조용하겠지요?

Vale. La habitación es limpia y tranquila, ¿verdad?

A : 그럼요. 전망이 아주 좋답니다. 여기 숙박카드를 기입해 주십시오.

Claro que sí. Tiene muy buena vista. Llene esta ficha de registro, por favor.

B : 여기 있습니다.

Aquí está.

A : 고맙습니다. 방은 5층 510호이고 열쇠 여기 있습니다.

Gracias. El número de la habitación es 510 en el quinto piso, y aquí está la llave.

표현설명 expresiones

1. '물론입니다, 맞습니다'라는 표현으로 '¡Claro que sí!', '¡Por supuesto!', '¡Naturalmente!', '¡Desde luego!', '¡Ciertamente!', '¡Tiene razón!', '¡Es verdad!', '¡Es correcto!', '¡Cómo no!', '¡Claro!', '¡No hay ninguna duda!' 등을 사용할 수 있다.

2. 'Estar + 과거분사'는 수동태의 한 형태이다.

단어 vocabulario

servir 5 대접하다, 봉사하다
libre 자유로운
baño m. 욕실
tranquilo(a) 조용한
llenar 5 채우다, 기입하다
registro m. 등록
llave f. 열쇠
pasar 5 보내다
doble 두배의
limpio(a) 깨끗한
vista f. 바라봄, 보기, 전망
ficha f. 카드
quinto(a) 다섯 번째

기본표현 2(expresión básica 2)

A : 방은 어디에 있습니까?	¿Dónde está la habitación?
B : 7층에 있습니다.	Está en el séptimo piso.
A : 전망이 좋습니다.	Tiene buena vista.
B : 그렇습니다.	Es cierto.
A : 팁이에요.	Toma esto de propina.
B : 고맙습니다.	Mil gracias.

스페인어 한마디 palabra clave

'tomar'는 '잡다, 가지다, 섭취하다' 등의 뜻이 있다.

대화 II (diálogo II)

A : 안녕하세요.

Buenas noches.

B : 안녕하세요. 510호가 어디에 있나요?

Muy buenas noches. ¿Dónde está el cuarto 510?

A : 저를 따라오세요. 이 트렁크가 손님의 것입니까?

Sígame. ¿Esta maleta es suya?

B : 네. 그런데 방은 전망이 정말 좋은가요?

Sí. A propósito, ¿es verdad que el cuarto tiene buena vista?

A : 물론입니다. 곧 보시게 될 겁니다. 자, 다 왔습니다. 들어가시죠.

Por supuesto que sí. Ya lo verá. Al fin llegamos. Pase, por favor.

B : 아, 정말 좋군요. 짐은 저기 창가에 두세요.

Ah, es fantástico. Deje el equipaje cerca de la ventana, por favor.

A : 그러지요.

Con mucho gusto.

B : 이거 받으세요. 팁입니다.

Quédese con esto. Es de propina.

A : 고맙습니다.

Mil gracias.

B : 천만에요. 지금 배가 몹시 고픈데 호텔 식당은 어디에 있습니까?

De nada. Tengo mucha hambre, ¿dónde está el restaurante del hotel?

A : 1층에 있습니다. 피곤하시면 룸서비스를 부르세요.

Está en el primer piso. Si está cansado, llame al servicio de habitaciones.

표현설명 expresiones

1. '고맙습니다'는 'Gracias.', 'Muchas gracias.', 'Mil gracias.', 'Muchísimas gracias.', 'Gracias por todo.', 'Te lo agradezco.' 등으로 표현할 수 있다.

2. 'estar en'은 '...에 있다'라는 뜻이다.

3. 스페인에서는 1층은 'piso bajo'라고 하므로 실상 'primer piso'는 우리의 2층에 해당된다.

단어 vocabulario

cuarto m. 방
fantástico(a) 환상적인
equipaje m. 짐
propina f. 팁
restaurante m. 음식점, 레스토랑
maleta f. 짐
dejar [5] 두다
ventana f. 창문
hambre f. 배고픔, 허기

기본표현 3(expresión básica 3)

A : 여보세요! 룸서비스입니다.	¡Diga! Servicio de Habitaciones.
B : 510호로 오늘 신문을 가져다 주실 수 있나요?	¿Puede traerme el periódico de hoy al cuarto 510?
A : 네, 곧 갖다 드리겠습니다.	Sí, señor, se lo llevo en seguida.
A : 여보세요! 교환입니까?	¡Oiga! ¿Es la operadora?
B : 네, 말씀하세요.	Sí, diga.
A : 내일 아침 7시 반에 깨워주십시요.	Por favor, despiérteme mañana a las 7:30 de la mañana.
여긴 510호 김 국민 입니다.	Soy Kukmin Kim, del cuarto 510.

스페인어 한마디 palabra clave

1. 전화를 걸 때 '여보세요'라는 표현은 전화를 건 사람은 'Oiga.', 전화를 받는 사람은 'Diga.', 'Dígame.' 등으로 표현하며, 통화를 하기 원하는 사람을 밝힐 때는 'Quiero/Quisiera hablar con + 사람'으로 말할 수 있다.

2. 'despertar'는 ' ...을 깨우다'라는 뜻의 동사이다.

3. '오전에'는 'de la mañana', '오후에'는 'de la tarde', '저녁에'는 'de la noche'로 표현한다.

대화 III (diálogo III)

A : 안녕하세요. 저 실은 열쇠를 방에 둔 채 방문을 잠궈버렸어요.

Buenos días. Lo que pasa es que he cerrado la puerta dejando la llave dentro del cuarto.

B : 걱정하지 마십시오. 곧 열어 드리겠습니다.

No se preocupe. La abriremos en seguida.

A : 고맙습니다. 그런데 난방이 잘 작동되지 않더군요.
게다가 더운물도 나오지 않구요. 너무 추워서 잠을 잘 잘 수가 없었어요.

Muchas gracias. A propósito, no funciona bien la calefacción. Además, no sale agua caliente tampoco. Tuve tanto frío que no pude dormir bien.

B : 죄송합니다. 지금 바로 점검하겠습니다.

Lo siento mucho. La revisaremos ahora mismo.

A : 여보세요? 룸서비스죠? 510호로 아침식사를 갖다 주세요.

Oiga, ¿es el servicio de habitaciones? Por favor, tráigame el desayuno al cuarto 510.

C : 무엇을 드시겠습니까?

¿Qué quiere tomar?

A : 밀크커피와 햄을 곁들인 오믈렛이요.

Un café con leche y una tortilla con jamón, por favor.

조간신문 갖다 주는 것도 잊지 마시고요.

No se olvide de traerme el periódico de hoy.

C : 예, 곧 가져가겠습니다.

Sí, señor, se los llevaré en seguida.

A : 고맙습니다. 매우 친절하시네요.

Muchísimas gracias. Es Ud. muy amable.

C : 별 말씀을요.

No hay de qué.

표현설명 expresiones

1. 'lo que pasa es que ~'는 말을 자연스럽게 시작하는 표현으로 생략해도 무방하다.

2. 'en seguida'는 '바로'라는 뜻으로 'ahora mismo'로 표현해도 마찬가지이다.

3. 'Es Ud. muy amable.'는 주어와 동사가 도치되어 강조를 표현한다.

4. 스페인의 숙박 요금은 그 시설면을 감안할 때 우리나라보다 엄청나게 비싼 편이다. 숙박 시설은 'Hotel'과 'Hostal' 두 종류로, 후자는 그 시설이 'Hotel'에 비해 떨어지지만 가격이 저렴하다. 값싼 'Hostal'들이 'Gran Vía'에 많이 모여 있는데 가급적이면 이 곳은 피하는 것이 좋다. 해가 지면 이 곳의 뒷골목은 'Madrid'에서 가장 위험한 우범지대로 변하기 때문이다.
   'Pensión'이라는 곳은 식사도 할 수 있으며 우리나라의 하숙과 같으므로 장기 체류시 바람직하다.
   'Hotel'은 미리 예약을 하면 대개 30% 정도 가격 할인이 되므로 떠나기 전에 미리 예약을 해 두는 것이 좋다.

단어 vocabulario

cerrado(a) 닫힌
calefacción f. 난방
amable 친절한, 상냥한
funcionar [5] 기능하다, 작동하다
olvidarse de [5] 잊다

관련 단어 palabras para consulta

1. 프론트 recepción
2. 열쇠 llave
3. 전화 teléfono
4. 짐 maleta / equipaje
5. 팁 propina
6. 포터 mozo de carga
7. 층계 escalera
8. 엘리베이터 ascensor
9. 불 luz
10. 방 habitación
11. 복도 pasillo

관련 단어 palabras para consulta

❶ 옷장	**armario**	❶ 변기	**inodoro/váter**
❷ 책상	**escritorio**	❷ 수도꼭지	**grifo**
❸ 의자	**sillón**	❸ 샤워기	**ducha**
		❹ 욕조	**bañera**

호텔직원 los empleados

지배인	director(a)
프런트 직원	recepcionista
웨이터	camarero(a)
교환수	operador(a)
객실 담당	mozo(a) de habitación
주방장	jefe(a) de cocina
잡역부	botones
포터	maletero(a)
수위	portero(a)

호텔 설비물 las instalaciones

프론트	recepción
회계	contable, contador
안내	información
식당	comedor
레스토랑	restaurante
커피숍	cafetería
연회장	salón de banquetes
바	bar
미장원	salón de belleza
회의장	salón de conferencias
휴대품 보관소	guardarropa
이발소	barbería(peluquería)
비상구	salida de emergencia
우체통	buzón

객실내부 la habitación

욕조	**bañera**
변기	**inodoro/váter**
문	**puerta**
양복장	**armario**
팔걸이 의자	**sillón**
나이트 테이블	**mesa de noche**
침대	**cama**
책상	**escritorio**
테이블	**mesa**
전화	**teléfono**
텔레비전	**televisor(TV)**
냉장고	**refrigerador, nevera**
샤워	**ducha**
목욕 타월	**toalla de baño**
(욕실용)바닥 깔개	**estera del cuarto de baño**
수건	**toalla de mano**
수도꼭지	**grifo**
더운물	**agua caliente**
찬물	**agua fría**

상황 05 • 저녁식사(la cena)

기본표현 1(expresión básica 1)

A : 예약하셨습니까?	¿Tiene reservación?
B : 아니요. 세 사람 앉을 테이블 있습니까?	No. ¿Tiene una mesa para tres personas?
A : 이쪽으로 오십시오.	Por aquí, por favor.
A : 메뉴 좀 주세요.	Tráigame el menú, por favor.
B : 여기 있습니다.	Aquí está.
A : 오늘의 요리는 어떤 겁니까?	¿Cuál es el menú del día?

스페인어 한마디 palabra clave

'오늘의 메뉴'는 'el menú del día' 또는 ' a la carta'로 표현할 수 있다.

대화 I (diálogo I)

A : 어서 오십시오. 예약하셨습니까?

Buenas noches, bienvenidos. ¿Tienen reservación?

B : 네, 김 민국입니다.

Claro. Me llamo Minkuk Kim.

A : 이쪽으로 오십시오. 곧 메뉴를 가져다 드릴게요.

Pasen por aquí. Ahora les traeré el menú.

B : 고맙습니다. 자, 자리에 앉읍시다.

Gracias. Tomemos asiento.

C : 무엇을 먹어야 할지 모르겠군. 무엇을 드시겠습니까?

No sé qué voy a comer. ¿Qué prefieren comer?

B : 글쎄... 웨이터에게 물어봅시다.

A ver... Vamos a preguntar al camarero.

A : 주문하시죠.

¿Qué desean comer?

B : 오늘의 요리는 어떤 거지요? 권할 만한 게 있습니까?

¿Cuál es el plato del día? o ¿qué nos recomienda?

A : 이 요리는 어떻습니까? 아주 맛있습니다.

¿Qué les parece este? Es muy rico.

C : 좋습니다. 그것으로 하겠습니다.

Está bien. Lo tomamos.

표현설명 expresiones

1. '~합시다'라는 표현을 하기 위해서는 'Vamos a inf.' 또는 해당 동사의 직설법이나 접속법 1인칭 복수로 표현할 수 있다.

2. 'rico'는 '부유한'이라는 뜻이나 '맛있다'는 뜻으로도 쓰인다.

단어 vocabulario

asiento m. 좌석, 자리
preferir 선호하다, 더 좋아하다
camarero m. 웨이터, 급사
tomar 먹다, 마시다, 잡다
comer 먹다
preguntar 묻다, 질문하다
rico(a) 맛있는, 부유한

기본표현 2(expresión básica 2)

A :	크림 스프와 샐러드를 주세요.	Tráigame sopa de crema y una ensalada.
	우선 바스크식 동태 요리를 주세요.	De primer plato, la merluza a la vasca.
	주요리로 새끼양 통구이를 주시고요.	De segundo, el cordero asado.
	그리고 후식으로 아이스크림과 케익을 주세요.	Y de postre, déme helado y pastel, por favor.
B :	너 대식가로구나! 전 생수만 주세요, 실은 다이어트 중이거든요.	¡Qué comelón eres tú! Deme solo agua mineral, es que estoy a dieta.
A :	계산서 좀 부탁해요.	La cuenta, por favor.
B :	여기 있습니다.	Aquí tiene Ud.

스페인어 한마디 palabra clave

1. 'estoy a dieta'는 '다이어트 중'이라는 뜻으로 다르게는 'estoy en régimen de peso'로 표현한다.

2. 'comelón'은 'comilón'이라고도 한다.

대화 II (diálogo II)

A : 저 레스토랑에 가자. 배고파 죽겠어.

Vamos a aquel restaurante. Me muero de hambre.

B : 잠깐만 기다려. 고급 레스토랑이라 비쌀텐데...

Espera un momento. Aquel restaurante es de lujo, por lo tanto será muy caro...

맥도날드에 가서 햄버거나 먹자.

Vamos a Macdonald a comer una hamburguesa.

A : 더 이상 걸을 수가 없어. 들어가자.

No puedo caminar más. Vamos.

웨이터, 메뉴 좀 부탁합니다.

Camarero, el menú, por favor.

C : 여기 있습니다.

Aquí tiene Ud.

A : 어디 좀 봅시다... 먼저 초리소를 주시고요.

Vamos a ver... De primer plato, chorizo.

야채 스프와 샐러드를 주세요.

Una sopa de verduras y una ensalada, por favor.

그리고 메인 요리로 왕새우 구이, 후식으로 커피와 푸딩을 주세요.

De segundo, la langosta al horno, por favor. Y de postre, tráigame el café y el flan.

C : 알겠습니다.

A sus órdenes.

A : 넌 뭘 먹을거니?

¿Qué vas a comer?

B : 글쎄... 난 식욕이 없는데.

A ver... No tengo apetito.

간단히 야채 샐러드와 마카로니 그라탕을 먹을래.

Solo comeré una ensalada de verduras y los macarrones al gratín.

C : 야채 샐러드와 마카로니 그라탕이요.

Una ensalada de verduras y los macarrones al gratín.

A : 먹고 싶은 걸 시켜, 걱정 말라구. 내가 사는 거니까.

Pide lo que quieras comer. No te preocupes, que yo te invito.

B : 고마워. 하지만 정말 배가 안 고파.

Gracias, pero no tengo hambre, de verdad.

표현설명 expresiones

1. '~나라/지방식으로'라는 표현은 'a + la + 여성 형용사'로 나타낸다. 즉, '한국식으로'는 'a la coreana', '프랑스식으로'는 'a la francesa'로 표현하면 된다. 또한 구체적 방법을 표현할 때도 전치사 'a'와 함께 사용한다:
   la merluza a la vasca: 바스크식 동태 요리
   al gratín: 그라탕으로

2. 동사 'invitar'는 '초대하다'는 뜻으로 식사 등을 산다고 할 때도 이 동사를 사용한다. 우리에게는 조금 거창하게 들릴 수도 있으나 식사 문화 등이 다르기 때문일 것이다:
   내가 커피를 살게. Te invito al café.

단어 vocabulario

chorizo m. 소시지
ensalada f. 샐러드
horno m. 화로
flan m. 플란
macarrones m. 마카로니
invitar [5] 초대하다
verdura f. 야채
langosta f. 가재, 왕새우
postre m. 후식, 디저트
apetito m. 식욕
gratin m. 그라탕

기본표현 3(expresión básica 3)

A : 난 맥주가 좋아.	Me gusta la cerveza.
B : 나는 포도주가 좋아.	A mí me gusta el vino.
A : 이 자리에 앉아도 될까요?	¿Puedo tomar este asiento?
B : 자리 있는데요.	Está ocupado.
A : 춤 추시겠습니까?	¿Desea bailar?
B : 네, 좋아요.	Sí, encantada.

스페인어 한마디 palabra clave

1. 자리가 비어있는 경우에는 'Está libre.'로, 자리가 있는 경우에는 Está ocupado.'라고 표현한다.
2. 'encantada'라는 표현을 할때는 말하는 사람이 여자인 경우에는 여성형인 'encantada'로 하고, 남성일 경우에는 'encantado'로 표현한다.
3. 일반 커피숍에는 커피와 음료 이외에 식사도 할 수 있고, 식사가 예약된 테이블에는 'reservado'라고 적혀 있다.

대화 III (diálogo III)

A : 우리 저기 바에 가서 한잔 하지 않을래?

¿Por qué no vamos a tomar una copa en aquel bar?

B : 거 좋은 생각인데. 안그래도 갈증이 나던 참인데.

Buena idea. Tengo sed.

A : 이 좌석에 앉아도 될까요?

¿Podríamos tomar este asiento?

C : 물론 되고말고요.

Claro que sí.

B : 맥주 2병이랑 마른 안주 좀 주세요.

Denos dos botellas de cerveza y algo para picar, por favor.

C : 여기 있습니다. 맛있게 드십시오.

Aquí están, señores. ¡Buen provecho!

A : 잠깐만요. 아직 저녁을 먹지 않았는데 간단히 요기할만한 것 있습니까?

Espere un momento. Todavía no hemos cenado, ¿tiene algo ligero para comer?

C : 샌드위치랑 감자 튀김이 있어요.

Tenemos bocadillos y patatas fritas.

A : 감자 튀김이 좋겠네요.

Serán mejores las patatas fritas que el bocadillo.

B : 이 음악 좀 들어봐, 내가 좋아하는 노래야.

Escucha esta música, me gusta esta canción.

A : 음... 아주 감미로운데, 누가 부르는 노래니?

Hum... Es una canción muy bella. ¿Quién canta?

B : 글쎄... 이름이 기억나지 않는단 말이야.

A ver.... No recuerdo su nombre.

표현설명 expresiones

1. 보통 바 등에서는 생맥주를 팔고 있으므로 'una caña'(한 잔), 'dos cañas'(두 잔)으로 주문하면 되고, 특별히 병맥주를 주문하려면 'una botella de cerveza' 등으로 표현해야 한다.

2. '맛있게 드십시오!' 또는 '많이 드십시오!'를 표현하고자 할 때 '¡Buen provecho!', '¡Buen apetito!', '¡Que aproveche!' 등을 사용한다.

3. 'Madrid'에서 스페인의 분위기를 맛보려면 'Gran Vía'나 'Plaza Mayor' 주위에 있는 식당을 찾는 것이 좋다. 이 곳에는 그리 특별한 식사 예절이 있지는 않고 대체로 자유로운 분위기에서 식사를 할 수 있다. 스페인의 독특한 음식으로는 온갖 해산물과 닭고기 등을 곁들인 'Paella'를 꼽을 수 있는데, 역시 정통 'Paella' 맛을 즐기려면 'Valencia'로 가는 것이 좋다. 점심 식사 때는 각 식당마다 'menú del día'(점심 특선)가 있어서 이 중 하나를 선택하면 저렴하게 식사할 수 있다.

단어 vocabulario

cerveza f. 맥주
asiento m. 좌석
permitir [5] 허락하다
sed f. 갈증, 목마름
ligero(a) 가벼운
vino m. 포도주
ocupado(a) 자리가 있는, 점유된
copa f. 술잔
tapa f. 햄 조각
bocadillo m. 샌드위치

관련 단어 palabras para consulta

1	식탁보	mantel
2	촛대	candelabro
3	잔	copa
4	숫가락	cuchara
5	포크	tenedor
6	나이프	cuchillo
7	냅킨	servilleta
8	메뉴	menú
9	손님	cliente
10	웨이터	camarero
11	의자	silla
12	쟁반	bandeja
13	병	botella
14	물병	jarra
15	깡통	lata
16	빨대	paja
17	음료	bebida
18	접시	plato
19	물컵	vaso
20	소금	sal
21	후추	pimienta

식기 및 조미료 cubiertos y condimentos

빵 접시	**plato del pan**
버터 나이프	**cuchillo de mantequilla**
포크	**tenedor**
접시	**plato**
버터통	**mantequera**
스푼	**cuchara**
티 스픈	**cucharita**
글래스	**vaso**
술잔	**copa**
찻잔	**taza**
나이프	**cuchillo**
냅킨	**servilleta**
식탁보	**mantel**
설탕	**azúcar**
후추	**pimienta**
소금	**sal**
겨자	**mostaza**
스테이크 소스	**salsa para bistec**
간장	**salsa de soya**
버터	**mantequilla**
잼	**jalea**
마말레이드	**mermelada**

전채요리 entremeses

햄	jamón(serrano)
올리브	aceituna
오르피브르 모음	entremeses variados
초리소	chorizo
살라미	salchichón
굴	ostras
훈제연어	salmón ahumado
오징어 튀김	calamares a la romana
훈제청어	arenque ahumado
새우	gambas, camarón
봉 치즈	palitos de queso

생선요리 pescado

뱀장어	anguilas
혀가자미	lenguado
대구	bacalao
농어	lubina
정어리	sardina
송어	trucha
오징어	calamares
문어	pulpo
왕새우	langosta
바다가재	langostino
소라	caracol
가리비	venera
게	cangrejo
철판구이	a la plancha
불구이	asado
오븐구이	al horno

찐요리	**cocido al vapor**
삶은 요리	**pasado por agua**
초무침	**escabechado**
스페인식 모듬냄비	**cazuela de mariscos**
사프란소스 조림	**pez espada al azafrán**
살꼴뚜기 숯불조림	**calamares en su tinta**
바스크식 정어리요리 (생선 튀김 요리)	**merluza a la vasca**

스프와 빵 sopa y pan

가스파쵸 스프	**gazpacho**
생선 스프	**sopa de pescado**
야채 스프	**sopa de verduras**
고기 스프	**sopa de carne**
마늘 스프	**sopa de ajo**
크라상	**croisant**
식빵	**pan de molde**
바게트 빵	**barra de pan**
콘소메(묽은 스프)	**consomé(caldo)**
포타즈(걸죽한 스프)	**sopa de crema**

고기요리 carne

소	**vaca**
송아지	**ternera**
돼지	**cerdo**
양	**carnero**
새끼양	**cordero**
돼지갈비	**chuleta de cerdo**
등심	**lomo**

안심	**costilla**
스테이크	**bistec**
허리살 고기	**solomillo**
간	**hígado**
콩팥	**riñones**
혀	**lengua**
토끼	**conejo**
칠면조	**pavo**
닭	**pollo**
꿩	**faisán**
오리	**pato**
거위	**ganso**
석쇠구이	**asado a parrilla**
숯불구이	**asado**
푹 삶은요리	**en salsa**
스튜	**estofado**
잘 구운요리	**bien cocido/pasado**
중간 구운요리	**regular/medio**
살짝 구운요리	**poco cocido/pasado**

쌀과 국수요리 arroz y pasta

빠에야	**paella valenciana**
필라프	**arroz a la cubana**
마카로니 그라탕	**macarrones al gratin**
스파게티	**espaguetti**

계란요리 huevos

완숙	huevo duro
반숙	huevo pasado
감자오믈렛	tortilla de patatas (a la española)

샐러드 ensalada

감자 샐러드	ensalada rusa
과일 샐러드	ensalada de frutas
야채 샐러드	ensalada de verduras

야채 hortalizas y legumbres

감자	patata
토마토	tomate
시금치	espinaca
양배추	col
오이	pepino
상추	lechuga
서양무	rábano
아스파라가스	espárragos
샐러리	apio
당근	zanahoria
브로컬리	coliflor
양파	cebolla
버섯	seta/hongo

과일 및 디저트 frutas y postres

오렌지	**naranja**
사과	**manzana**
배	**pera**
복숭아	**melocotón**
딸기	**fresa**
바나나	**plátano**
포도	**uva**
멜론	**melón**
수박	**sandía**
버찌	**cereza**
아이스크림	**helado**
푸딩	**flan**
사과파이	**torta de manzanas**
케이크	**pastel**
커피	**café**
홍차	**té**
푸딩	**arroz con leche**

상황 06 • 집구하기와 이사(cuando buscas un piso)

기본표현 1(expresión básica 1)

《 가구 딸린 아파트 세놓음 》
매우 조용한 동네에 위치함. 냉난방 시설완비. 침실 2개, 거실 1개, 식당, 주방, 욕실 2개. 수영장도 있음. 전화 243-4879

《 Se alquila apartamento amueblado 》
En barrio muy tranquilo. Con calefacción y aire acondicionado. Dos dormitorios, una sala, comedor, cocina, dos cuartos de baño.
También tiene piscina. Teléfono 243-4879

《 가구 없는 집 세놓음 》
매우 아름다움. 정원과 조그만 뜰이 있음. 방 5개, 커다란 거실 1개, 부엌, 차고, 욕실 3개. 월 1000달러. 오전에 842-0127, 야간 288-3521로 전화.

《 Se alquila casa sin muebles 》
Muy bella. Tiene jardín y patio pequeño. 5 habitaciones, una sala grande, cocina, garaje, tres cuartos de baño. 1000$ al mes.
Llame al número 842-0127 por la mañana y 288-3521 por la noche.

스페인어 한마디 palabra clave

'amueblado'(가구가 딸린)와 'sin muebles'(가구가 없는) 두 종류의 집 중에 선택할 수 있다.

대화 I (diálogo I)

A : 뭐하고 있는거니?

¿Qué estás haciendo?

B : 아파트를 찾고 있어.

Estoy buscando un piso.

A : 왜 집을 옮기려고 그러니?

¿Por qué quieres mudarte?

B : 이 동네는 굉장히 시끄럽고, 게다가 학교에서 너무 멀리 떨어져 있어.

En este barrio hay mucho ruido. Además, está muy lejos de la escuela.

A : 그래서 찾았니?

¿Ya la encontraste?

B : 아직 못 구했어. 이 광고를 봐. 아주 깨끗하고 조용한 동네에 있다고 하잖니.

Todavía no. Mira este anuncio. Dicen que está en un barrio limpio y tranquilo.

더 좋은 점은 다른 사람과 함께 쓸 수 있데.

A lo mejor se puede compartir el piso.

A : 그럼 먼저 전화로 물어보자.

Entonces, primero preguntemos por teléfono.

B : 좋아.

De acuerdo.

표현설명 expresiones

1. '전화를 걸다'라는 표현은 'llamar por teléfono'로 표현하며, 동사 'telefonear'로 표현할 수도 있다. 전화번호를 주면서 그 번호로 걸라고 표현하려면, 'llamar al número + 전화번호 숫자'를 사용한다. 전화번호는 편하게 하나씩 또는 두 개, 세 개 묶어서 읽으면 된다.

2. 'hay'는 'haber'의 한 형태로 '~이 있다'라는 뜻이다.

단어 vocabulario

piso m. 아파트
querer 42 원하다, 좋아하다
casa f. 집
ruido m. 소음
escuela f. 학교
preguntar 5 묻다
compartir 5 같이 쓰다, 나누다, 분담하다
buscar 5 찾다
cambiar 5 바꾸다
barrio m. 마을, 동네
lejos 먼
anuncio m. 광고
teléfono m. 전화

기본표현 2(expresión básica 2)

A : 월 집세가 얼마입니까? ¿Cuánto es el alquiler por mes?
B : 한 달에 오백 유로입니다. 500 euros mensualmente.

A : 지하철 역이랑 가까운가요? ¿Está cerca del metro?
B : 네. 집에서 역까지 5분 걸립니다. Sí. Son 5 minutos de casa al metro.

A : 가구가 딸려있습니다. El piso está amueblado.
B : 가구 없는 아파트는 없나요? ¿No tiene un piso sin muebles?

스페인어 한마디 palabra clave

'~에서 부터 ~까지'를 표현할 때는 'desde ~ hasta ~', 또는 'de ~ a ~'를 사용한다. 이러한 표현은 장소뿐만 아니라 시간도 표현할 수 있다.
desde las 7 hasta las 12: 7시 부터 12시 까지

대화 II (diálogo II)

A : 여보세요?

¿Oiga?

B : 말씀하세요.

Diga.

A : 아파트 세 놓습니까?

¿Se alquila el piso?

B : 네.

Sí.

A : 월세가 얼마입니까?

¿Cuánto cuesta al mes?

B : 300달러입니다. 물론 유로화로 지불하셔도 되고요.

300 dólares. Claro que puede pagar en euros.

A : 방이 몇 개입니까?

¿Cuántas habitaciones hay?

B : 2개입니다. 욕실도 2개 있고 거실도 커요.

Hay dos habitaciones y dos cuartos de baño. La sala es grande.

A : 가구가 딸려 있나요?

¿Está amueblado?

B : 아니요. 가구는 딸려 있지 않아요. 하지만 전기 및 가스료는 집세에 포함되어 있어요.

No, sin muebles, pero está incluído el costo de gas y luz.

A : 전철역에서 가까운가요?

¿Está cerca del metro?

B : 그럼요. 걸어서 10분 거리에요.

Sí, caminando a 10 minutos.

A : 안전한가요?

¿Tiene vigilancia?

B : 그럼요. 경비원이 24시간 보초를 서지요.

Claro que sí. El guardia vigila las 24 horas.

A : 고맙습니다. 나중에 다시 전화드릴게요. 안녕히 계세요.

Gracias, vuelvo a llamarle más tarde. ¡Hasta luego!

표현설명 expresiones

1. 'estar cerca de ~'는 '~가까이에 있다'라는 뜻이다.

2. '시간이 ~걸리다'라는 표현은 'se tarda + 시간'을 사용하기도 한다.

3. 'volver a inf.'는 '다시 ~하다'는 뜻이다.

단어 vocabulario

alquilar 5 임대하다
habitación f. 방
amueblado(a) 가구가 비치된
incluir 59 포함하다
guardia f. 경비
vigilancia f. 경비
pagar 6 지불하다
cuarto de baño m. 욕실
mueble m. 가구
seguridad f. 안전, 확실
vigilar 5 보초서다, 감시하다
volver 30 돌아오다

기본표현 3(expresión básica 3)

A : 반갑습니다.	Mucho gusto.
B : 반갑습니다.	Encantada.
A : 당신을 알게되서 반갑습니다.	Tengo mucho gusto en conocerle.
B : 반갑습니다.	Mucho gusto.
A : 이 동네에 살게되서 기쁘군요.	Me alegro mucho de vivir en este barrio.
B : 환영합니다.	Bienvenido.

스페인어 한마디 palabra clave

'반갑습니다'는 'Mucho gusto(de verle a Ud.)', 'Encantado(a')', 'Me alegro mucho(en conocerle a Ud.)', 'Tengo mucho gusto(en conocerle a Ud.)' 등으로 표현할 수 있으며, 'Mucho gusto'와는 달리 'con mucho gusto'는 '기꺼이'라는 뜻을 갖는다.

대화 III (diálogo III)

A : 안녕하세요. 처음 뵙겠습니다.

¡Buenas tardes! Mucho gusto en conocerles.

B : 반갑습니다.

Encantado.

C : 반갑습니다. 새로 이사오셨군요.

Mucho gusto. ¿Se mudó recientemente?

A : 네. 어제 왔습니다. 이 동네에서 살게 되어서 매우 기쁘군요.

Sí, me mudé aquí ayer. Me alegro mucho de vivir en este barrio.

B : 환영합니다. 조용하고 공해도 없어 살기에 좋습니다.

Bienvenida. Es un lugar muy bueno para vivir porque es muy tranquilo y no hay contaminación ambiental.

C : 병원과 대형슈퍼도 가까이 있어요.

También hay un hospital y un hipermercado cerca.

B : 어디서 오셨습니까?

¿De dónde viene?

A : 서울에서 왔어요. 전 학생인데 이곳에서 스페인어를 배우려고 왔어요.

De Seúl. Soy estudiante y vine aquí para aprender español.

C : 벌써 스페인어를 상당히 잘 하시는데요.

Ya lo habla muy bien.

A : 별말씀을요. 아직 더 많은 연습이 필요하답니다.

Gracias, pero necesito practicar mucho más.

B : 여하튼 도움이 필요하시면 기꺼이 도와드릴게요.

De todos modos, le ayudaremos con mucho gusto si necesita ayuda.

A : 여러모로 고맙습니다.

Gracias por todo.

표현설명 expresiones

1. 'me mudé'(이사했다), 'vine'(왔다) 등은 직설법 불특정과거로 표현되어 있으나 직설법 현재완료를 사용해도 무방하다. 그 이유는 이사 와서 현재 여기 있고, 왔기 때문에 그곳에 있는 것이므로, 즉 행위의 결과가 현재 남게 된 것이기 때문이다.

2. 스페인은 부동산 중개업이 우리나라에 비해 그리 발달하지 않았다. 집을 구하기 위해서는 <Segunda mano>라는 잡지를 보는 것이 좋은데, 이 잡지는 시내 가판대에서 쉽게 구할 수 있다. 이 책에는 집뿐만 아니라 거의 모든 중고 물품과 직종에 관한 안내가 나와 있어, 수요자와 공급자의 직접 접촉으로 모든 매매 행위가 이루어진다.
   집을 구하는 경우 전세라는 방식은 없고 거의 월세로 거래가 이루어진다. 대개 두 달치의 집세를 보증금으로 내는데, 유로화 이후 집세는 많이 오른 편이다.

단어 vocabulario

conocer 32 알다
ambiental 환경의
hipermercado m. 대형시장
practicar 5 연습하다
contaminación f. 오염
hospital m. 병원
perfecto(a) 완벽한
ayudar 5 도와주다

관련 단어 palabras para consulta

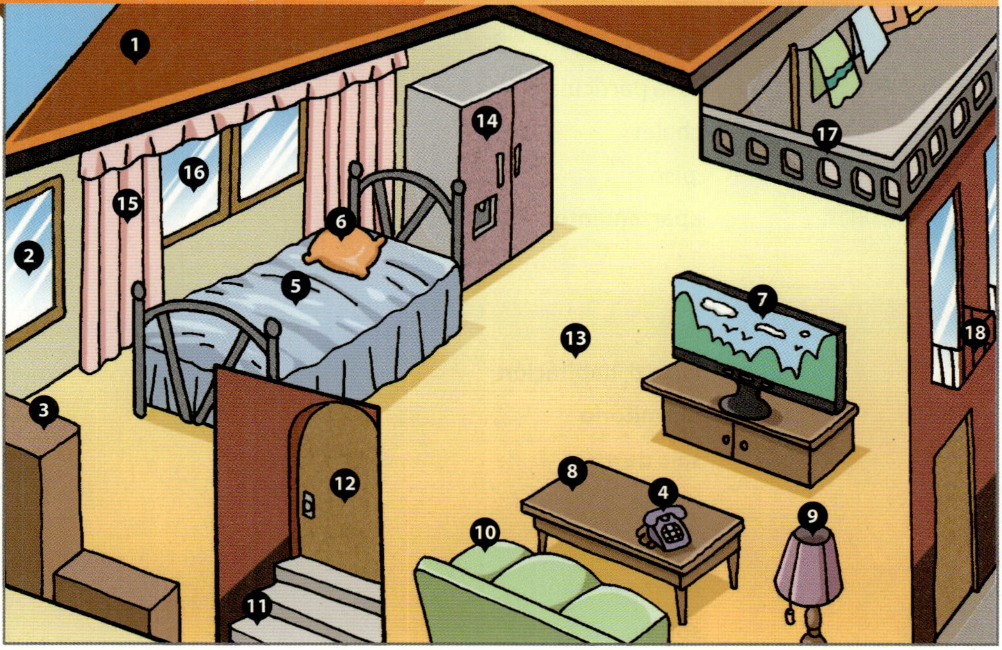

❶ 천정	**techo**	⓫ 층계	**escalera**
❷ 거울	**espejo**	⓬ 문	**puerta**
❸ 가구	**mueble**	⓭ 바닥	**suelo**
❹ 전화	**teléfono**	⓮ 냉장고	**refrigerador**
❺ 침대	**cama**	⓯ 커텐	**cortina**
❻ 베개	**almohada**	⓰ 창문	**ventana**
❼ 텔레비전	**televisión**	⓱ 테라스	**terraza**
❽ 탁자	**mesa**	⓲ 발코니	**balcón**
❾ 스탠드	**lámpara**		
❿ 소파	**sofá**		

집의 종류 el tipo de casa

오피스텔	**estudio**
단독주택	**casa particular**
별장	**chalet**
방 2개 이상의 아파트	**piso**
방 1개의 아파트	**apartamento**

집 la casa

방	**cuarto, habitación**
침실	**dormitorio**
거실	**sala de estar**
부엌	**cocina**
식당	**comedor**
욕실	**cuarto de baño**
지하실	**sótano**
테라스	**terraza**
발코니	**balcón**
임대	**alquiler**
전등	**lámpara**
차고	**garaje**
옷장	**armario**
세면대	**lavabo**
수건	**toalla**
소파	**sofá**
탁자	**mesa**
의자	**silla**
침대	**cama**
베개	**almohada**
마루	**suelo**
계단	**escalera**

천정	**techo**
커튼	**cortina**
아파트	**piso, apartamento**
난방	**calefacción**
냉장고	**nevera, refrigerador**
텔레비전	**televisión, televisor**
전화기	**teléfono**
거울	**espejo**
창문	**ventana**
문	**puerta**
가구	**mueble**

상황 07 • 은행에서(en el banco)

기본표현 1(expresión básica 1)

A : 달러로 계좌를 개설할 수 있나요?	¿Podría abrir una cuenta en dólares?
B : 7번 창구로 가십시오.	Vaya a la caja 7, por favor.
A : 무엇을 도와 드릴까요?	¿En qué puedo servirle a Ud.?
B : 계좌를 개설하고 싶은데요.	Querría abrir una cuenta.
A : 여권을 가져 오셨나요?	¿Trae su pasaporte?
B : 네.	Sí, señorita.
A : 이 서류를 작성해 주십시오.	Llene este documento, por favor.

스페인어 한마디 palabra clave

'podría, querría' 등은 가상미래형 변화로서 과거에서의 미래, 과거나 현재 사실의 추측, 정중한 표현들을 나타낸다. 직설법 현재나 명령의 표현보다 더 예의 있는 표현이라 하겠다.

대화 I (diálogo I)

A : 안녕하세요. 어떻게 오셨습니까?

Buenos días, ¿en qué puedo servirle a Ud.?

B : 달러로 은행 계좌를 개설하려고 하는데요.

Quiero abrir una cuenta en dólares.

A : 여권은 가져 오셨습니까?

¿Trae el pasaporte?

B : 네. 여기 있습니다.

Sí, aquí tiene Ud.

A : 먼저 이 서류를 작성해 주시고 이곳에 서명해 주십시오.

Primero, llene este formulario y firme aquí.

B : 저, 여기 있습니다.

Aquí está, señor.

A : 얼마를 예치하실 겁니까?

¿Cuánto va a depositar?

B : 우선 100달러를 예금할게요.

100 dólares, para empezar.

A : 잠시만 기다려 주세요. 여권을 복사하고 곧 돌아오겠습니다.

Espere un momento. Ahorita vuelvo después de sacar la copia del pasaporte.

B : 네, 그러지요. 아, 외국으로 송금도 할 수 있나요?

Vale. Ah, ¿puedo hacer un giro al exterior?

A : 물론입니다.

Por supuesto que sí.

표현설명 expresiones

'después de ~' 또는 'antes de ~'는 '~ después' 또는 '~antes'와 표현상 차이가 있다:
después de una hora 지금으로부터 1시간 후에
una hora después 지정한 때로부터 1시간 후에
antes de una hora 지금으로부터 1시간 내에
una hora antes 지정한 때로부터 1시간 전에

단어 vocabulario

abrir 51 열다, 개설하다
pasaporte m. 여권
firmar 5 서명하다
esperar 5 기다리다
giro m. 송금
cuenta f. 계좌
formulario m. 서식
depositar 5 예금하다
sacar 7 **(la copia)** 복사하다, 꺼내다
exterior 외국의

기본표현 2(expresión básica 2)

A : 여기서 예금할 수 있나요? ¿Puedo depositar el dinero aquí?
B : 물론입니다. Por supuesto.

A : 얼마나 예금하시게요? ¿Cuánto deposita?
B : 70만 유로요. 700.000 euros.

A : 어디서 예금을 인출할 수 있나요? ¿Dónde puedo retirar el dinero?
B : 저기 9번 창구에서요. Allí, en la ventanilla 9.

스페인어 한마디 palabra clave

1. 유로화가 되기 이전에 스페인 화폐는 'peseta'였다. 요즘 유로화 위기로 과거 자국 화폐로 돌아가는 것이 좋겠다는 의견도 나오고 있다.

2. 창구라는 표현은 'ventana'(창문)에 축소사 '-illa'를 붙여 만든다. 이 때 'ventanilla'는 자동차의 유리를 의미하기도 한다. 스페인어에는 이와 같은 축소사를 붙여 애정을 표현하거나 작은 느낌을 줄 수 있다. 예를 들면 'hijo-hijito', 'mamá-mamacita', 'pájaro-pajarillo', 'zapato-zapatilla' 등 거의 모든 낱말에 사용할 수 있다. 때로는 비하하는 뜻으로 사용되기도 한다.

대화 II (diálogo II)

A : 나와 함께 은행에 가줄 수 있니?

¿Puedes ir al banco conmigo?

B : 기꺼이 같이 가줄게. 은행에는 왜 가는데?

Te acompaño con mucho gusto. ¿Por qué vas al banco?

A : 돈을 인출해야 해. 내일 아침에 집세를 내야 하거든.

Tengo que retirar dinero. Mañana por la mañana debo pagar el piso.

B : 은행이 몇 시에 문을 닫는지 알고 있니?

¿Sabes a qué hora se cierra el banco?

A : 응. 오후 2시에. 그런데 지금 몇 시지?

Sí, a las dos de la tarde. A propósito, ¿qué hora es?

B : 벌써 2시 15분이야. 이미 은행은 닫혔어.

Ya son las dos y cuarto y ya está cerrado el banco.

A : 이런! 내 정신 좀 봐. 돈 좀 꿔줄 수 있니?

Ay, ¡Dios mío! ¡Qué mala memoria! ¿Puedes prestármelo?

B : 얼마나 필요한데?

¿Cuánto necesitas?

A : 300달러.

300 dólares.

B : 걱정하지 마. 내가 꿔줄게. 우리 집에 가자.

No te preocupes. Te lo presto. Vamos a mi casa.

A : 너무 고마워. 네가 나를 살렸다.

Te agradezco mucho. Tú me salvaste.

표현설명 expresiones

1. 'deber'(~해야 하다)는 'tener que inf.'로 바꾸어 표현할 수 있다. 'deber de inf.'는 '~일 것이다'는 뜻이다.

2. '예금하다'는 동사 'depositar'를 사용하고 '돈을 인출하다'는 'sacar' 또는 'retirar'를 사용한다.

단어 vocabulario

banco m. 은행
retirar [5] 인출하다
cuarto m. 15분, 사분의 일
prestar [5] 빌려주다
preocuparse [5] 걱정하다
acompañar [5] 동행하다, 동반하다
cerrar [13] 닫다
memoria f. 기억
necesitar [5] 필요로 하다
salvar [5] 구하다

기본표현 3(expresión básica 3)

A : 달러를 유로화로 바꿀 수 있습니까?	¿Puedo cambiar dólares por euros?
B : 네. 얼마나 바꾸시려구요?	Sí. ¿Cuánto va a cambiar?
A : 500달러입니다.	500 dólares, por favor.
A : 여행자 수표를 현금으로 바꾸고 싶습니다.	Quisiera cambiar el cheque de viajero en efectivo.
B : 오늘 환율이 얼마인가요?	¿A cuánto está el cambio hoy?

스페인어 한마디 palabra clave

'¿A cuántos estamos hoy?'는 '오늘은 며칠입니까?'라는 뜻이다.
'¿Qué día es hoy?'는 '오늘은 무슨 요일입니까?'라는 뜻이다.

대화 III (diálogo III)

A : 이 100달러 여행자 수표를 현금으로 바꿔주세요.

Cámbieme este cheque de viajero de cien dólares, por favor.

B : 어떻게 드릴까요?

¿Cómo lo quiere Ud.?

A : 현금으로 주세요.

En efectivo, por favor

B : 여기 있습니다.

Aquí están.

A : 1,000달러를 해외로 송금하는데 수수료가 얼마죠?

¿Cuánto es la comisión para mandar 1.000 dólares al extranjero?

B : 어느 나라로 송금하는가, 어떻게 송금하는가에 따라 다르니 자세히 말씀해주시죠.

Dependiendo de los países a los que mandan y el tipo de mandar, diga todo en detalle, por favor.

A : 알겠습니다. 제 통장에서 천 불을 빼서 미국의 뉴욕에 보내주세요. 근데 같은 은행이에요. 같은 은행이면 송금 수수료가 다른 은행으로 보낼 때보다 적지 않은가요?

Muy bien. Retirando 1.000 dólares de mi cuenta y que me lo mande a Nueva York de Estados Unidos, pero es el mismo banco. Si es el mismo banco, ¿sería menos la comisión de transacción que a otro banco, no?

B : 그렇습니다, 보통은 3퍼센트의 수수료가 있는데 손님은 혜택이 있어요. 우선은 거리가 가깝고 또 같은 은행이고요. 그래서 1.5 퍼센트까지 내려가요.

Claro que sí, normalmente la comisión es del 3 por ciento, pero usted tiene beneficios, primero, de la distancia y segundo, el mismo banco, así que baja hasta 1,5 por ciento.

A : 감사합니다. 그렇게 해주세요.

Gracias, que me lo pase.

표현설명 expresiones

1. 'cambiar'는 '~를 ~로 바꾸다'를 표현하며, 이때 'cambiar en ~' 또는 'cambiar por~'로 표현한다.

2. '현금으로'라는 표현은 'en efectivo', 'al contado' 등으로 표현할 수 있으며, '수표로'는 'en cheque'로 표현한다. 따라서 '~으로'를 표현할 때는 전치사 'en'을 사용하면 되며, 화폐 단위를 넣어 '원화로, 달러로, 유로화로' 등은 'en wones, en dólares, en euros'로 표현할 수 있다.

3. 외국인이 은행 계좌를 개설하기 위해서는 여권과 비자가 필요하다. 계좌를 개설하면 'talonario'라는 개인 수표책을 주는데, 이것은 수표책이라기 보다는 돈을 출금하기 위한 출금표와 비슷하여 적은 액수라도 사용할 수 있다.

단어 vocabulario

cambio m. 환율
viajero m. 여행자
por ciento 퍼센트
cheque m. 수표
comisión f. 수수료

관련 단어 palabras para consulta

❶ 은행원	empleado de banco
❷ 고객	cliente
❸ 창구	caja
❹ 창구원(여)	cajera
❺ 안내대	mostrador de información
❻ 교환 창구	ventanilla de cambio
❼ 자동 입출금기	cajero automático

관련 단어 palabras para consulta

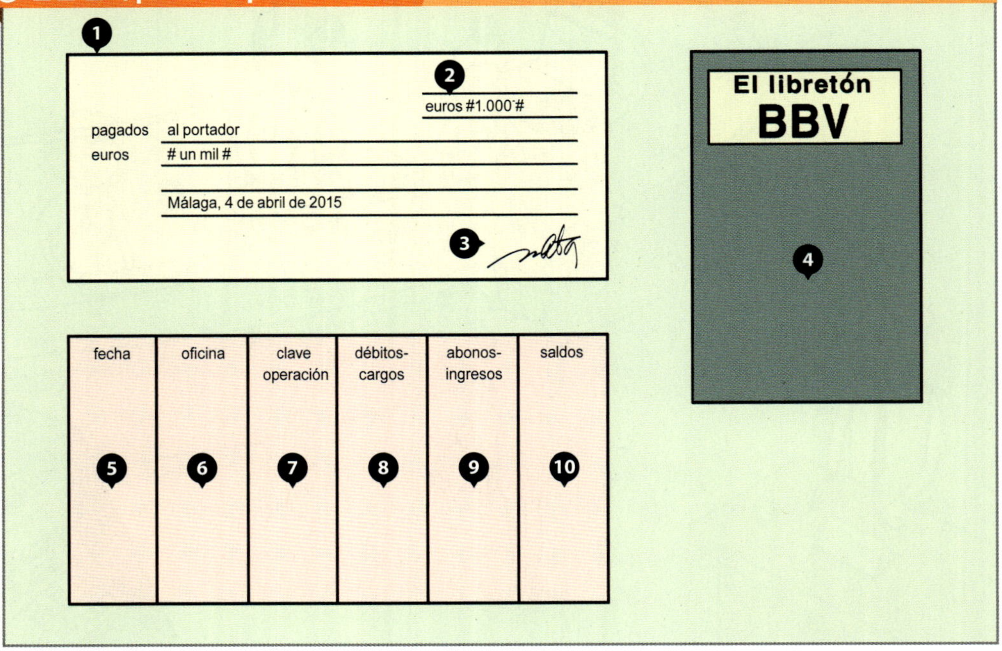

❶ 수표	talón
❷ 계좌번호	número de cuenta
❸ 싸인	firma
❹ 통장	libreta
❺ 날짜	fecha
❻ 사무실	oficina
❼ 작동 번호	clave operación
❽ 출금	débitos-cargos
❾ 입금	abonos-ingresos
❿ 잔액	saldos

은행 el banco

지폐	**billete**
잔돈/통화	**moneda**
여행자 수표	**cheque de viajero**
은행 직원	**empleados de banco**
행원(Cash)	**contante**
돈	**dinero**
창구	**caja**
입금표	**boleta de depósito**
출금표	**boleta de retiro**
융자	**préstamo**
매니저	**gerente**
수표책	**talonario**
통장	**libreta (de ahorro)**
환율	**tasa(tipo) de cambio**
지불하다	**pagar**
입금하다	**depositar**
인출하다	**retirar**
서명하다	**firmar**
계좌를 개설하다	**abrir la cuenta**

국가 및 통화단위 los países y su moneda

나라이름	País(나라)	Capital(수도)	Moneda(화폐)
스페인	España	Madrid	euro(peseta)
멕시코	México	Ciudad de México	nuevo peso
코스타리카	Costa Rica	San José	colón
쿠바	Cuba	La Habana	peso
엘살바도르	El Salvador	San Salvador	colón
과테말라	Guatemala	Guatemala	quetzal
온두라스	Honduras	Tegucigalpa	lempira
니카라과	Nicaragua	Managua	córdoba
파나마	Panamá	Panamá	balboa
푸에르토리코	Puerto Rico	San Juan	dólar
도미니카공화국	Rep.Dominicana	Santo Domingo	peso
아르헨티나	Argentina	Buenos Aires	peso
볼리비아	Bolivia	La Paz	peso
콜롬비아	Colombia	Bogotá	peso
칠레	Chile	Santiago	peso
에콰도르	Ecuador	Quito	sucre
파라과이	Paraguay	Asunción	guaraní
페루	Perú	Lima	sol
우루과이	Uruguay	Montevideo	nuevo peso
베네수엘라	Venezuela	Caracas	bolívar
미국	Estados Unidos	Washington D.C.	dólar
영국	Inglaterra	Londres	esterlina
프랑스	Francia	París	euro(franco)
독일	Alemania	Berlín	euro(marco)
일본	Japón	Tokyo	yen
한국	Corea	Seúl	won
중국	China	Pekín	yuan

상황 08 • 쇼핑하기(cuando vas de compras)

기본표현 1(expresión básica 1)

A : 기름은 떼어내세요.	Quítele la grasa, por favor.
B : 그렇게 하지요.	A la orden.
A : 오렌지는 얼마예요?	¿Cuánto cuestan las naranjas?
B : 1Kg에 2유로예요.	2 euros por 1 kilo.
A : 뭐 더 필요한 것은요?	¿Algo más?
B : 아니요, 됐어요.	No, nada más.

스페인어 한마디 palabra clave

'뭐 더 필요한 것은요?'는 '¿Algo más?'로 표현하며, '아니요, 됐어요.'는 'No, nada más.' 또는 'Es todo.'로 표현한다.

대화 I (diálogo I)

A : 안녕하세요. 뭘 드릴까요?

Buenas tardes. ¿En qué podemos servirle?

B : 2킬로 정도 나가는 닭 한 마리 주세요.

Necesito un pollo grande de 2 kilos más o menos.

A : 알았습니다. 이거 어때요? 2킬로 300그램이 나가는군요.

Enseguida. ¿Qué le parece este? Pesa 2 kilos y 300 gramos.

B : 좋아요. 그런데 기름은 떼 주세요. 다리와 목은 주지 마시고요. 얼마죠?

Está bien, pero quítele la grasa. Y no me ponga las patas ni el cuello. ¿Cuánto es?

A : 3유로입니다. 뭐 더 필요하신 것은요?

Son 3 euros. ¿Algo más?

B : 아니요, 됐습니다. 고맙습니다.

No, nada más, gracias.

C : 사과요, 사과, 배, 오렌지 들여가시죠 ; 아주 좋습니다. 달고 싱싱하답니다.

Manzanas, manzanas, peras, naranjas... Compre; son las mejores, dulces y frescas.

B : 오렌지는 얼마입니까?

¿Cuánto cuestan las naranjas?

C : 여러 가지가 있어요. 골라보세요.

Hay varios, escoja.

B : 토마토 2킬로하고 이 큰 오렌지로 8개 주세요.

Deme 2 kilos de tomates y 8 naranjas de estas grandes.

C : 그러지요. 뭐 더 드릴까요?

A la orden. ¿Algo más?

B : 아니요, 그거면 됐어요. 여기 있어요.

No, solo eso. Aquí tiene.

C : 고맙습니다. 다음에 또 오세요.

Gracias. Hasta la vista.

표현설명 expresiones

1. '무엇을 도와드릴까요?'는 'ayudar'나 'servir'를 사용하여 표현한다.

2. 명사나 형용사 등 낱말이 여러 개 나올 경우 마지막 낱말 앞에 'y'(그리고)를 붙여 준다:
Son las mejores, dulces y frescas.

단어 vocabulario

vender [5] 팔다
pollo m. 닭고기
más o menos 대략
quitar [5] 제거하다
cuello m. 목
naranja f. 오렌지
dulce 단
tomate m. 토마토
necesitar [5] 필요하다
kilo m. 킬로
grasa f. 기름
pata f. 다리
manzana f. 사과
mejor 더 좋은
fresco(a) 신선한

기본표현 2(expresión básica 2)

A : 이제 계산하셔도 됩니다. 계산서를 주세요.	Ya puede contar. Hágame la cuenta.
B : 뭘 드릴까요? 무엇을 도와드릴까요?	¿Qué te pongo? ¿En qué puedo servirte?
C : 아주 싱싱하답니다! 굉장히 신선합니다!	¡Fresquísimo! ¡Está fresquito!

스페인어 한마디 palabra clave

'ya'는 '이미, 벌써'라는 뜻의 부사이나 그냥 표현적으로 사용할 때도 많다:
Ya lo verás. 알게 될 거야.

대화 II (diálogo II)

A : 안녕하세요, 뭘 드릴까요?

Buenos días, ¿qué desea?

B : 10인분의 고기가 필요해요.

Necesito carne para diez personas.

A : 문제 없습니다. 여기 모든 것이 다 있어요.

No hay problema. Aquí tenemos de todo.

B : 송아지 스테이크 열 조각 주세요. 킬로에 얼마죠?

Hágame diez trozos de carne de ternera. ¿A cuánto está el kilo?

A : 킬로당 20유로입니다. 최상품입니다.

A 20 euros el kilo, es de primera calidad.

A : 안녕, 뭘 줄까?

¡Hola! ¿Qué te pongo?

C : 오늘 빠에야를 하려고 하는데요... 새우는 얼마죠?

Hoy voy a hacer paella... ¿A cuánto están las gambas?

A : 킬로당 30유로야, 1킬로 넣어줄까?

A 30 euros el kilo, ¿te pongo un kilo?

C : 그러세요. 조개는 얼마입니까? 싱싱하죠?

Vale. ¿A cuánto están los mejillones? Son frescos, ¿verdad?

A : 아주 싱싱해. 킬로당 같은 값이야. 바지락 조개도 좀 넣어줄까?

Fresquísimos, al mismo precio el kilo. ¿Te pongo también unas almejas?

C : 예, 감사합니다.

Sí, por favor.

표현설명 expresiones

1. 형용사의 최상급을 표현하기 위해서는 형용사에 '-ísimo(a)'를 붙임으로써 가능하다. riquísimo(a), hermosísimo(a), contentísimo(a) 등.

2. 'paella'는 쌀에 각종 고기와 야채를 넣은 철판 볶음밥이다.

단어 vocabulario

trozo m. 조각
ternera f. 송아지
paella f. 빠에야
mejillón m. 조개
carne f. 고기
calidad f. 질
gamba f. 새우
almeja f. 바지락 조개

기본표현 3(expresión básica 3)

A : 무엇을 드릴까요? ¿Qué deseaba?
B : 가죽 외투를 보고 싶은데요. Quiero ver el abrigo de cuero.

A : 치수가 얼마입니까? ¿Cuál es su talla?
B : 34호를 입습니다. Llevo la talla 34.

A : 바지는 무슨 색입니까? ¿De qué color es el pantalón?
B : 갈색입니다. Es marrón.

스페인어 한마디 palabra clave

'llevar'는 '가지고 가다, 휴대하다, 입고 있다, (날짜를)보내다'등의 다양한 뜻을 갖는다:
No lleva el paraguas. 그는 우산을 가지고 있지 않다.
Lleva el abrigo. 외투를 입고 있다.
Llevo tres años en esta aldea. 이 마을에 있은 지 3년 된다.

대화 III (diálogo III)

A : 뭘 원하십니까?

¿Qué deseaba Ud.?

B : 셔츠를 하나 사고 싶은데요.

Quisiera comprar una camisa.

A : 어떤 것으로 원하십니까?

¿Cómo la quiere?

B : 짧은 소매에 파란색으로요.

La quiero de mangas cortas y de color azul.

A : 치수는 어떻게 되시나요?

¿Qué talla es?

B : 44사이즈로 입습니다.

Llevo la talla 44.

A : 죄송하지만, 지금은 파란색으로는 그 사이즈가 없는데요.

Lo siento, señor. Ahora no tenemos ninguna camisa azul en esa talla.

B : 그럼 다른 색은 없나요?

Entonces, ¿no tienen de otro color?

A : 저 흰 셔츠는 어떠세요?

¿Qué le parece aquella blanca?

B : 입어봐도 될까요?

¿Puedo probármela?

A : 물론이죠. 저기 탈의실이 있습니다.

Por supuesto. Allí está el probador.

(잠시 후) 너무 잘 어울리네요!

(Después de un rato) ¡Le queda perfecta!

표현설명 expresiones

1. 동사 'desear'(원하다)나 'querer'(원하다)는 현재에서 직설법 불완료과거인 'deseaba'나 'quería'를 사용하여 겸손한 표현을 하게 된다.

2. 필요한 물건을 사기 위한 곳은 크게 백화점, 대형 쇼핑 센터(할인점), 동네 슈퍼마켓 등이 있다. 백화점은 시내 중심가에 위치한 'El Corte Inglés'와 'Galerías Preciadas' 등이 있고, 대형 쇼핑 센터는 시 외곽에 위치한 'Al Campo', 'Continente', 'Prica' 등이 있는데, 값은 싸지만 교통이 불편한 단점이 있다. 각 동네마다 mercado(시장)가 비교적 잘 되어 있으나 점심시간인 2시부터 5시경까지는 문을 닫는다.

단어 vocabulario

manga f. 소매
talla f. 치수
azul 파란
probar 입어보다
quedar 맞다, 어울리다
color m. 색깔
llevar 입다
blanco(a) 흰
probador m. 탈의실
perfecto(a) 완벽한

관련 단어 palabras para consulta

❶ 진열대	**escaparate**	⓫ 가판대	**mostrador**
❷ 계산원	**cajera**	⓬ 바구니	**cesta**
❸ 금고	**caja registradora**	⓭ 냉장고	**refrigerador**
❹ 계산대	**mostrador de caja**	⓮ 고기	**carne**
❺ 고객	**cliente**	⓯ 달걀	**huevos**
❻ 음식	**alimentos**	⓰ 치즈	**queso**
❼ 선반	**estantería**	⓱ 카트, 쇼핑용 수레	**carrito**
❽ 과일	**fruta**	⓲ 계산기	**calculadora**
❾ 야채	**verduras**	⓳ 입구	**entrada**
❿ 빵	**pan**	⓴ 출구	**salida**

옷, 장신구 el traje y los accesorios

옷	ropa
외투	abrigo
자켓	chaqueta
스웨터	jersey
스커트	falda
바지	pantalones
블라우스	blusa
셔츠	camisa
속옷	ropa interior
양말	calcetines
스타킹	medias
손수건	pañuelo
목도리, 머플러	bufanda
모자	sombrero
장갑	guantes
신발	zapato
부츠	botas
벨트	cinturón
시계	reloj
반지	anillo
귀고리	pendiente
목걸이	collar

가게이름 la tienda

(큰) 상점, 백화점	**almacén**
시장	**mercado**
슈퍼마켓	**supermercado**
가게	**tienda**
서점	**librería**
매점, 신문 판매대	**quiosco**
담배가게	**estanco**
구두점	**zapatería**
정육점	**carnicería**
과일가게	**frutería**
미장원	**peluquería**
생선가게	**pescadería**
약국	**farmacia**
문방구	**papelería**
야채가게	**verdulería**
커피숍	**cafetería**
가죽옷 가게	**peletería**
철물점	**ferretería**
빵집	**panadería/pastelería**

상황 09 • 학교에서(en el colegio)

기본표현 1(expresión básica 1)

A : 여보세요? 스페인어과 학과장님 계십니까?	¿Oiga? ¿Está el jefe del Departamento de Español?
B : 어디십니까?	¿De parte de quién?
A : 한국에서 온 김 민국이란 학생입니다.	De Minkuk Kim, estudiante coreano.
A : 외국인을 위한 어학코스가 있습니까?	¿Tienen algún curso de idiomas para extranjeros?
B : 네.	Sí.
A : 스페인어 코스는 언제 시작합니까?	¿Cuándo empieza el curso de español?
B : 9월 1일에 시작합니다.	Empieza el primero de septiembre.

스페인어 한마디 palabra clave

1. 전화상 '누구십니까?'는 '¿De parte de quién?' 또는 '¿Con quién hablo?'로 표현할 수 있다.
2. 날짜를 표현할 때는 매달 1일은 서수인 'primero'로 표현함을 주의하도록 한다. 그리고 달을 표현할 때는 정관사를 쓰지 않으며 소문자로 표시한다.

대화 I (diálogo I)

A : 여보세요? 스페인어과 학과장님과 통화하고 싶습니다.

¿Oiga? ¿Querría hablar con el jefe del Departamento de Español?

B : 어디시죠?

¿Con quién hablo?

A : 서울에서 온 김 민국이란 학생입니다.

Habla Minkuk Kim, de Seúl.

B : 잠깐만 기다리세요. 곧 연결해 드리겠습니다.

Espere un momento, por favor. Ahora se lo pongo.

A : 몬딸반 교수님이십니까?

¿Es Ud. el profesor Montalbán?

C : 네, 그렇습니다. 누구시죠?

Sí, soy yo. ¿De parte de quién?

A : 저는 서울에서 온 김 민국입니다. 일전에 서신을 통해 연락드렸죠.

De Minkuk Kim, de Seúl. Antes le comuniqué por carta.

C : 아, 기억납니다. 김 교수님의 제자시죠?

Ah, ya me lo recuerdo. ¿Es Ud. el alumno de la profesora Kim?

김 교수로부터 추천장을 받았지요.

He recibido la carta de recomendación de la profesora Kim.

A : 실은 교수님과 입학 문제로 상의드리고 싶은데요.

Es que quiero hablar con Ud. acerca del ingreso a la universidad.

언제가 좋을까요?

¿Cuándo le convendrá?

C : 내일은 하루 종일 수업이 있으니

Mañana tengo clases todo el día, pues

모레 오후 3시에 내 사무실로 오면 어떨까요?

¿qué le parece pasado mañana, a las 3 de la tarde, en mi oficina?

A : 그렇게 하죠. 고맙습니다, 교수님. 번거롭게 해 드려 죄송합니다.

De acuerdo. Gracias, profesor. Perdone la molestia.

C : 괜찮아요. 그럼 모레 만납시다.

No se preocupe. Adiós, ¡hasta pasado mañana!

표현설명 expresiones

1. 'querría, quería, quisiera'등은 동사 'querer'(원하다)의 변화로 현재에서 겸손한 표현을 할 때 사용한다.
2. '~에 관하여'라는 표현으로 'en cuanto a, acerca de, sobre'등을 사용할 수 있다.
3. 'todo el día'는 '하루 종일'이고 'todos los días'는 '매일 같이'이다.
4. '죄송합니다'는 'lo siento, disculpe, perdone'등으로 표현한다.

단어 vocabulario

jefe m. 장, 우두머리
comunicar 7 알리다, 전하다
alumno(a) m.f. 학생
recomendación f. 추천
parecer 33 ...인 것 같다
departamento m. 과
recordar 16 기억하다
carta f. 편지
convenir 80 의견이 일치되다, 어울리다
molestia f. 폐스러운 일, 귀찮음

기본표현 2(expresión básica 2)

A : 곧장 가.	Camina todo recto.
B : 오른쪽으로 돌아.	Voltea a la derecha.
A : 실례합니다만 인문학부가 어디에 있습니까?	Perdón, ¿dónde está la Facultad de Letras?
B : 곧장 가시면 거기 오른편에 흰색 건물을 발견할 겁니다.	Siga recto y allí encontrará el edificio blanco a la derecha.
A : 실례합니다만 학장님 사무실이 어디에 위치하는지 아세요?	Disculpe, ¿sabe Ud. dónde se encuentra la oficina del decano?
B : 죄송합니다, 저도 여기에 처음입니다.	Lo siento, también soy extranjero aquí.

스페인어 한마디 palabra clave

길을 알려주는 표현으로, '똑바로 가세요.'는 'Siga (todo)recto.' 또는 'Derecho.'로 표현하고, '오른쪽으로/왼쪽으로 도세요'는 'Gire a la derecha/a la izquierda.'로 표현한다. '모퉁이를 돌다'라는 표현은 'doblar la esquina'이다.

대화 II (diálogo II)

A : 실례합니다, 저 인문대학이 어디에 있는지 아세요?

Perdón, ¿sabe Ud. dónde está la Facultad de Filosofía y Letras?

B : 네, F버스를 타시고 인문대에서 내리십시오.

Claro. Tome el autobús F y baje en la parada de la Facultad de Filosofía y Letras.

A : 고맙습니다.

Gracias.

B : 천만에요.

De nada.

A : 실례합니다, 인문대학이 어디에 있습니까?

Disculpe, ¿dónde está la Facultad de Letras?

C : 이 길을 곧장 가시면 흰색 건물을 보시게 될 겁니다.

Siga derecho por el camino y allí verá un edificio blanco.
거기서 왼쪽으로 돌아서 약 500 미터 가시면 노란색 건물이 있습니다.

Doble a la izquierda, y siga más o menos 500 metros más, se encuentra el edificio amarillo.

A : 감사합니다. 그런데 혹시 스페인어과 사무실은 몇 층에 있는지 아세요?

Gracias. ¿Sabe Ud. en qué piso está la oficina del Departamento de Español?

C : 죄송하지만 모르겠어요. 건물 1층 안내실에서 물어보세요.

Lo siento, no sé. Pregunte en la información. Está en el primer piso.

A : 아주 친절하시군요. 고맙습니다. 안녕히 가세요.

Es Ud. muy amable. Muchísimas gracias. ¡Adiós!

D : 실례합니다, 의과대학이 어디에 있습니까?

Perdón, ¿dónde está la Facultad de Medicina?

A : 죄송하지만 저도 여기가 처음입니다.

Lo siento mucho, es que también soy extranjero aquí.

표현설명 expresiones

1. '돌다'는 'doblar, girar, voltear'등을 사용하여 표현한다.

2. 마드리드의 'Moncloa'지역은 'ciudad universitaria'(대학촌)라 하여 'Universidad Complutense de Madrid'를 중심으로 학교와 관련 있는 기관과 시설이 중심을 이루고 있으며 대학 안을 도는 버스도 여러 가지가 있다.

3. 스페인의 정규 교육 과정은 대체로 초등과정인 'EGB'와 중등과정인 'BUP', 그리고 대학준비과정인 'COU'로 구성되어 있다.

단어 vocabulario

tomar [5] 타다
parada f. 정류장
recto(a) 똑바로
edificio m. 건물
izquierda f. 왼쪽
quizá 아마도
medicina f. 의학, 약
facultad de farmacia 약대
facultad de derecho 법대
facultad de filología 어문대
bajar [5] 내리다
facultad f. 단과대학
camino m. 길
doblar [5] 돌다
encontrarse [16] (위치해) 있다.
información f. 안내
facultad de medicina 의대
facultad de ingeniería 공대
facultad de música 음대

기본표현 3(expresión básica 3)

A : 여기서 가깝습니까?	¿Está cerca de aquí?
B : 아니요, 멀어요.	No, está muy lejos.
A : 학교가 어디 있습니까?	¿Dónde está la Universidad?
B : 걸어서 30분 거리에 있습니다.	A treinta minutos andando.
A : 실례합니다, 살라망까 대학이 어디에 있는지 말씀해주시겠어요?	Perdón, ¿puede decirme dónde se queda la Universidad de Salamanca?
B : 여기서 아주 멀리 있어요. 택시를 타시는게 좋을겁니다.	Está muy lejos de aquí. Será mejor tomar un taxi.

스페인어 한마디 palabra clave

'~에 있다, ~에 위치하다'는 동사 'estar, quedarse, ubicarse, situarse'등으로 표현한다.

대화 III (diálogo III)

A : 안녕, 어떻게 지내니?

Hola, ¿cómo estás?

B : 잘 지내고 있어. 넌?

Bien, gracias. ¿Y tú?

A : 나도 잘 지내고 있어. 어디 가는 중이니?

Muy bien. ¿A dónde vas?

B : 학교에 가.

Voy a la universidad.

A : 어쩜! 나도 학교 가는 길이야.

¡Qué coincidencia! Yo también voy a la Universidad.

난 이번이 처음 가는 길이거든. 너 어떤 길로 가는지 아니?

Esta es la primera vez que voy yo. ¿Sabes qué camino tomar?

B : 나도 몰라서 누군가에게 물어볼 생각이었어.

No, pensaba preguntar a alguien.

A : 좋아, 그럼 함께 가자.

Bueno, entonces vamos juntos.

B : 봐, 저기 한 남자애가 있다. 대학생 같은데.

Mira, ahí hay un chico, parece universitario.

A : 누구?

¿Quién?

B : 청바지에 흰색 폴로 입은 애 있잖아.

El de jeans y polo blanco.

A : 그래, 대학생 같아 보이는데. 가보자.

Sí, tiene cara de un universitario. Vamos.

B : 미안하지만 살라망까 대학에 어떻게 가는지 알아?

Disculpa, ¿sabes cómo podemos ir a la Universidad de Salamanca?

C : 물론이지. 저 신호등까지 곧장 가서 오른쪽으로 돌아 두 블럭 정도 걸어가. 거기에 대학교로 가는 차들의 정류장이 있어.

Claro, camina todo recto hasta aquel semáforo, luego voltea a la derecha, camina unas dos cuadras ; allí está el paradero de los coches que van a la Universidad.

A/B : 고마워.

Gracias.

표현설명 expresiones

1. 떨어져 있는 거리(distancia)를 나타낼 때 전치사 'a'를 사용한다:
   La escuela está a 10 kilómetros de aquí. 학교는 여기서 10킬로 떨어져 있습니다.

2. '걸어서'는 'andando/caminando' 또는 'a pie'로 표현할 수 있다.

3. 동사 'saber'는 '사실 등을 알다'이고 동사 'conocer'는 '사람이나 지리 등을 알다'이다.

단어 vocabulario

coincidencia f. 우연, 일치
semáforo m. 신호등
derecha f. 오른쪽
paradero m. 정류장
vez f. 번, 횟수
voltear [5] 돌다
cuadra f. 블럭
chico m. 청년(남)

관련 단어 palabras para consulta

1. 어학 실습실 **laboratorio de idiomas**
2. 마이크 **micrófono**
3. 헤드폰 **casco auricular**
4. 사서 **bibliotecario(a)**
5. 서고 **librería**
6. 신문 진열대 **estantería de los periódicos**
7. 책 읽는 사람 **lector(a)**

교육 la educación

학과목	asignatura
학급	clase
과정	curso
졸업 증서	diploma
논문	tesis
숙제	deber, trabajo
평점	nota
강좌	cátedra
대학	universidad
단과대학	facultad
학원	instituto
칠판	pizarra
분필	tiza
총장	rector(a)
선생님	profesor(a)
교장	director(a)
학장	decano(a)
신입생	principiante
졸업생	graduado
학기	semestre
1년제	curso académico
1년제 등록금	cuota anual
매달 내는 등록금	cuota mensual
유치원	escuela de párvulos
	guardería
	infantería
	jardín de infantes
기숙사	residencia universitaria
	residencia de estudiantes
	colegio mayor

색깔과 관련된 단어 el color

흰색(의)	**blanco**
검은색(의)	**negro**
회색(의)	**gris**
은색(의)	**plateado**
금색(의)	**dorado**
붉은색(의)	**rojo**
노란색(의)	**amarillo**
녹색(의)	**verde**
파란색(의)	**azul**
갈색(의)	**marrón**
보라색(의)	**violeta**
분홍색(의)	**rosa**
하늘색(의)	**celeste**
자주색(의)	**púrpura**

상황 10 • 책방에서(en la librería)

기본표현 1(expresión básica 1)

A : 나랑 서점에 갈래?	¿Quieres ir conmigo a la librería?
B : 좋지.	Con mucho gusto.
A : 서점 가고 싶지 않니?	¿No te interesa ir a la librería?
B : 미안해, 실은 가고 싶지 않아.	Lo siento, que no tengo ganas de ir.
A : 서영사전 있습니까?	¿Tienen diccionario de español al inglés?
B : 네, 여러 종류가 있습니다.	Sí, tenemos varios.

스페인어 한마디 palabra clave

1. '~에 흥미가 있다'라는 동사는 'interesarse'이다. 동사 'gustar'처럼 인칭대명사 간접목적격과 함께 쓰인다:
   나는 박물관에 가고 싶다.
   Me interesa ir al museo.
   Tengo interés en ir al museo.
   Estoy interesado en ir al museo.

2. 'tener ganas de + 동사원형'은 '~하고 싶다'라는 뜻이다:
   나는 바다에 가고 싶다.
   Tengo ganas de ir al mar.

대화 I (diálogo I)

A : 나랑 서점에 갈래?

¿Quieres ir conmigo a la librería?

B : 그래, 가고 싶어. 그런데 그 전에 커피를 한 잔 살게.

Sí, claro, pero antes te invito a tomar un café.

A : 좋아. 난 차가 더 낫겠는걸.

Bueno, yo preferiría tomar un té.

B : 네 마음대로 해.

Lo que gustes.

< En la librería 서점에서 >

A : 알람브라 궁전에 관한 책을 보여 주시겠어요?

¿Me enseña algún libro sobre la Alhambra?

C : 네, 잠깐만요. 자, 보세요. 여기 있습니다.

Sí, un momento. Mire. Aquí lo tiene.

A : 사진이 들어 있습니까?

¿Tiene fotos?

C : 네, 보세요.

Sí, mire.

A : 다른 책은 없습니까?

¿Tienes más libros?

C : 네, 잠시만요. 이것들을 보세요.

Sí, sí, un momento. Mire estos.

A : 이것이 근사하군요. 좋습니다. 이것을 가져가겠어요. 얼마죠?

Este es estupendo. Bueno, pues me llevo este. ¿Cuánto es?

C : 40유로입니다.

40 euros.

A : 출구가 어디에 있습니까?

Por favor, ¿dónde está la salida?

C : 저기 저 끝에 있습니다.

Allí, al fondo.

A : 정말 감사합니다.

Muchas gracias por todo.

C : 별말씀을요. 안녕히 가세요.

De nada. Adiós.

A : 안녕히 계세요.

Hasta luego.

표현설명 expresiones

1. '잠깐만'은 'un momento/un segundo/un rato'등으로 표현할 수 있다.
2. 동사 'ver'(보다)와 동사 'mirar'(신경 쓰고 보다)는 본래의 뜻 외에 간투사로 '있지요' 정도의 표현으로 사용한다.
3. 동사 'preferir'는 '선호하다'는 뜻으로 'A보다 B를 선호한다'라고 할 경우, 'preferir B a A'로 전치사 'a'를 사용한다.

단어 vocabulario

interesar [5] 흥미가 있다
preferir [65] 더 좋아하다
enseñar [5] 보여주다
salida f. 출구
foto f. 사진
invitar [5] 초대하다
gustar [5] 마음에 들다
estupendo(a) 근사한
fondo m. 구석, 끝

기본표현 2(expresión básica 2)

A : 펜 있습니까?
B : 네, 여러 종류를 구비하고 있어요.

¿Tiene plumas?
Sí, tenemos varias.

A : 한 다스에 얼마입니까?
B : 1유로입니다.

¿Cuánto vale una docena?
1 euro.

A : 할인이 됩니까?
B : 볼펜만 할인 판매를 한답니다.

¿Hay descuento?
Solo hacemos descuento en los bolígrafos.

스페인어 한마디 palabra clave

단위를 표현할 때 :
물 한 잔 un vaso de agua
계란 한 판 una docena de huevos
꼬냑 한 잔 una copa de coñac
한 모금 un trago
한 조각 una ración/una porción
한 입 un bocado

대화 II (diálogo II)

A : 볼펜 있습니까?

¿Tiene bolígrafos?

B : 네, 있습니다. 몇 가지 보여 드리겠습니다.

Sí, tenemos. Le mostraré algunos.

A : 이것으로 여기에 써봐도 될까요?

¿Me permite escribir aquí, con este?

B : 물론입니다.

Por supuesto.

A : 아주 잘 써지네요. 한 다스에 얼마입니까?

Escribe muy bien. ¿Cuánto vale por docena?

B : 단 1유로입니다. 뭐 더 구입하실 것은요?

1 euro solo. ¿Quiere comprar algo más?

A : 볼펜 2다스를 사면 좀 깎아주시나요?

¿Hay algún descuento si compro dos docenas de bolígrafos?

B : 네, 10% 특별 할인해 드리겠어요.

Bueno. Le haré un descuento especial de un 10 por ciento.

A : 좋아요. 이 볼펜을 살게요.

Muy bien. Compro estos bolígrafos.

이 만년필은 얼마죠?

¿Cuánto es esta pluma-fuente?

B : 개당 10유로입니다.

10 euros cada una.

A : 제가 3개를 구입하면 할인되나요?

¿Si llevo tres, hay descuento?

B : 볼펜만 할인해 드리는데요.

Solo hacemos descuento en los bolígrafos.

A : 됐어요. 컴퓨터 용지와 스테이플러가 필요합니다.

Está bien. Necesito papel para el ordenador y una grapadora.

B : 잠깐만 기다리세요. 곧 가져오겠습니다.

Espere un rato. Los traemos en seguida.

표현설명 expresiones

1. 전치사 'por'는 단위를 표현한다.
   ¿Cuánto cuestan las frutas por kilo? (과일이 킬로당 얼마입니까?)

2. '할인, 세일'이라는 표현은 'descuento', 'liquidación', 'gangas', 'rebaja' 등으로 사용할 수 있다.

3. 가까운 미래는 직설법 현재로 그냥 표현하거나 'ir a inf.'로 표현할 수 있다.

단어 vocabulario

bolígrafo m. 볼펜
docena f. 다스
pluma-fuente f. 만년필
grapadora f. 스테이플러
ordenador m. 컴퓨터
mostrar 16 보여주다
especial 특별한
papel m. 종이
rato m. 잠깐

기본표현 3(expresión básica 3)

A : 무엇을 도와드릴까요?	¿En qué puedo ayudarle?
B : 컴퓨터를 보고 싶은데요.	Quiero ver una computadora.
A : 어떤 것을 원하세요?	¿Cómo la quiere?
B : 글쎄요, 전 컴퓨터에 대해 전혀 아는 바가 없어요.	Pues, no conozco nada de computadoras.
A : 보증기간은 얼마입니까?	¿Cuánto tiempo tiene de garantía?
B : 1년 반입니다.	Un año y medio.

스페인어 한마디 palabra clave

'부탁합니다.'라고 할 때 무조건 'por favor'라고 하고 말을 시작하면 된다.

대화 III (diálogo III)

A : 어서 오세요. 무엇을 도와드릴까요?

Adelante, ¿en qué puedo ayudarle?

B : 컴퓨터를 찾고 있습니다.

Busco una computadora.

A : 상표와 가격대가 다양합니다. 어떤 것으로 원하십니까?

Tenemos de varias marcas y precios. ¿Cómo la quiere?

B : 저, 컴퓨터에 관해서는 아는 바가 전혀 없는데, 어느 것을 추천하시겠습니까?

Pues, no conozco nada de computadoras, ¿qué me recomienda?

A : 어떤 필요와 용도로 사용하느냐에 달렸습니다.

Eso depende de la necesidad y del uso.

워드 기능만 사용하시려면 보통이면 충분합니다.

Si la quiere usar solamente como procesador, entonces una normal será suficiente.

B : 아닙니다. 애니메이션 프로그램과 인터넷뿐만 아니라 과학적인 계산용으로도 필요합니다.

No. La necesito para hacer cálculos científicos, así como para trabajar con programas de animación e internet.

A : 그런 경우라면 가장 최근의 것이 좋겠군요. 제일 좋은 것 중 하나입니다.

En ese caso es mejor una computadora novísima, es una de las mejores.

하드 용량은 2TB이고, 속도는 엄청나며, 프린터 기능까지 있습니다. 경이로움 자체지요.

Tiene un disco duro de 2TB y una velocidad magnífica, y tiene función de impresora. Es una maravilla.

B : 보증기간은 얼마입니까?

¿Cuánto tiempo tiene de garantía?

A : 1년입니다.

Un año.

B : 좋습니다. 그걸로 하지요.

Bueno, me la llevo.

표현설명 expresiones

1. '어떤 것을 원하니?' 또는 '어떻게 원하니?'는 '¿Cómo (la) quiere?'로 묻는다. 이때, 앞에 언급한 명사에 따라 (la)와 같은 대명사를 사용하면 된다:
   어떤 펜들을 원하십니까? (los bolígrafos) ¿Cómo los quiere?
   커피를 어떻게 원하십니까?(el café) ¿Cómo lo quiere?

2. 책 값은 우리나라에 비해 상당히 비싼 편으로 웬만한 비평서적 한 권을 사려면 우리나라 돈으로 약 3,4만원을 주어야 한다. 대표적인 서점으로는 'Gran Vía'에 있는 'Casa del Libro'가 있으며 대학가인 'Moncloa'지역에 크고 작은 많은 서점들이 모여 있다. 보다 저렴한 가격으로 책을 구입하려면 'Complutense'대학의 구내 서점을 이용하는 것이 좋은데 이 곳에서는 할인을 받을 수 있다. 또한 그란비아 뒷골목에 가면, 중고서적을 파는 많은 책방들이 모여 있어, 더 싼 가격으로 살 수 있다.

단어 vocabulario

marca f. 상표
recomendar 13 추천하다
procesador m. 워드프로세서
científico(a) 과학적인
animación f. 애니메이션
velocidad f. 속도
precio m. 가격
depender de 24 (...에) 달려있다
cálculo m. 계산
programa m. 프로그램
disco duro m. 하드 디스크
garantía f. 보증

관련 단어 palabras para consulta

❶ 달력	**calendario**
❷ 팔레트	**paleta**
❸ 붓	**pinceles**
❹ 그림 물감	**pinturas**
❺ 출구	**salida**
❻ 지도	**mapa**
❼ 이젤	**caballete**
❽ 책	**libro**
❾ 눈금자	**regla de cálculo**
❿ 콤파스	**compás**
⓫ 직각자	**escuadra**
⓬ 큰 자	**regla**
⓭ 분도기	**transportador**
⓮ 지우개	**goma de borrar**
⓯ 연필	**lápiz**

책과 관련된 단어 el libro

책	libro
소설	novela
시	poema
비평	crítica
서사시	epopeya
역사	historia
수필	ensayo
자서전	autobiografía
만화	caricatura
신문	periódico
사설	editorial
잡지	revista
사전	diccionario
그림책	libro ilustrado
탐정소설	novela policíaca
교과서	libro de texto
제목	título
저자	autor
출판사	editorial
머리말	prólogo
목차	índice
페이지	página
권	tomo, volumen
장	capítulo
제 1 막	Acto primero
역사책	libro de historia
과학책	libro de ciencias
소책자	manual
문고판	libro de bolsillo

번역	**traducción**
읽다	**leer**

문구와 관련된 단어 la papelería

노트	**cuaderno**
연필	**lápiz**
볼펜	**bolígrafo**
만년필	**pluma-fuente**
지우개	**goma**
타자기	**máquina de escribir**
칼	**cortaplumas**
잉크	**tinta**
자	**regla**
가위	**tijeras**
스카치 테이프	**cinta plástica**
풀	**pegamento**
필통	**cartuchera**
종이	**hojas**
복사	**fotocopias**
콤파스	**compás**
삼각자	**escuadra**
바인더	**carpeta**
목록카드	**fichas**
매직펜	**rotulador**
휴지통	**papelero**

가전제품과 관련된 단어 los eléctricos

전화	**teléfono**
냉장고	**refrigerador, nevera**
세탁기	**lavador**
컴퓨터	**computadora**
전자렌지	**microonda**
팩스	**fax**
선풍기	**ventilador**
에어콘	**aire acondicionado**
텔레비전	**televisión**
믹서기	**licuadora**
주스기	**exprimidora**
시계	**reloj**
난로	**estufa**
계산기	**calculadora**

상황 11 • 세탁소, 미장원, 이발소에서 (en la tintorería, la peluquería y la barbería)

기본표현 1(expresión básica 1)

A :	치마는 언제까지 될까요?	¿Para cuándo estará la falda?
B :	어디 봅시다, 오늘이 금요일이니까... 화요일 이 시간까지요.	A ver, hoy es viernes..., para el martes a esta misma hora.
A :	실크 넥타이는 주의해 주세요.	Tengan cuidado con la corbata de seda.
B :	저희를 믿으세요. 저희들은 전문가입니다.	Confíe en nosotros. Somos profesionales.
A :	넥타이와 점퍼는 그리 급하지 않아요.	La corbata y la cazadora no requieren tanta prisa.
B :	알겠습니다. 그렇지만 월요일까지는 해 놓을게요.	Vale. Pero estarán el lunes.

스페인어 한마디 palabra clave

전치사 'para'는 시간이나 장소에서 '~까지'를 표현할 때 사용한다.
주로 전치사 'para'는 '~를 위하여'의 뜻을 표현하며 전치사 'por'는 '~때문에'의 뜻을 표현한다:
나는 너를 위하여 왔다. He venido para ti.
나는 너 때문에 왔다. He venido por ti.
우리는 민주주의를 위해 투쟁한다. Luchamos por la democracia.

대화 I (diálogo I)

A : 월요일 오후 좀 일찍 안 될까요?

¿No podría estar para el lunes a primera hora de la tarde?

B : 가능하겠지만, 속성 서비스는 값이 조금 더 비쌉니다.

Podría, pero el servicio urgente es un poco más caro.

A : 얼마나 더 비싸지요?

¿Cuánto más?

B : 정상가의 20% 더 비쌉니다.

20 por ciento más del precio normal.

A : 괜찮아요. 넥타이와 블라우스는 실크에요. 그러니까, 제발 주의해 주세요.

No importa. La corbata y la blusa son de seda. Pues, tengan cuidado, por favor.

B : 네, 모두 다림질이 필요한가요?

Bueno, ¿todo planchado?

A : 네, 그렇게 해주세요.

Sí, sí, por favor.

표현설명 expresiones

1. 전치사 'para'는 기한을 나타내기도 한다.
   Tiene que terminar esto para el próximo lunes.
   이것을 다음 주 월요일까지 끝내야 합니다.

2. 'tener cuidado con ~'은 '~을 조심하다'라는 뜻이다.

3. '비싸다'는 'caro'이고 '싸다'는 'barato'이다. '보통'은 'regular'로 표현하면 된다.

4. 우리의 소통 능력은 생각보다 대단해서 몇 가지 단어와 손짓과 표정으로 가능하다. 따라서 외국어를 소위 문법적으로 맞추어 하려고 어렵게 생각하기 보다는 쉽고 자연스런 마음을 갖는 것이 필요하다.

단어 vocabulario

servicio m. 서비스
caro(a) 비싼
corbata f. 넥타이
seda f. 실크
urgente 급한
importar 5 상관이 있다, 중요하다
blusa f. 블라우스
planchado(a) 다린, 다리미질한

기본표현 2(expresión básica 2)

A : 나를 믿어라.	Créeme.
B : 그래. 네 말이 맞아, 어느 누구의 말에도 상관하지마.	Sí. Tienes razón, no hagas caso a nadie.
A : 실은 머리를 염색하고 커트할 생각이야.	En realidad, pienso teñirme el pelo y cortármelo.
B : 염색이나 커트할 필요도 없어.	No vale la pena teñirte ni cortarte.
A : 넌 파마할 필요가 있어.	Necesitas hacerte la permanente.
B : 좋아, 난 네 손에 전적으로 달려있다고.	Vale, estoy en tus manos.

스페인어 한마디 palabra clave

'옳다'라는 표현은 'tener'동사의 관용적 표현인 'tener razón'으로 표현한다. 따라서 '네 말이 옳다'는 'tienes razón'으로, '당신 말이 옳다'는 'tiene razón'으로 표현하면 된다. 반대로 '당신 말이 틀렸다'라고 표현하려면 'Se ha equivocado.'로도 표현할 수 있다.

대화 II (diálogo II)

A : 여보세요! 오늘 오후 3시에 예약하고 싶은데요.

¡Oiga! Quisiera hacer una reservación para las 3 de esta tarde.

B : 알았습니다. 어떻게 하시겠습니까?

De acuerdo. ¿Qué clase de servicio desea Ud.?

A : 머리를 염색하고 자르려고요.

Teñido y corte.

B : 고맙습니다. 성함은요?

Gracias. ¿Su nombre, por favor?

C : 안녕! 어서 들어와요.

¡Hola! ¡Adelante!

A : 안녕! 어떻게 지내요? 오랜만이네요.

¡Hola! ¿Qué tal? Hace tanto tiempo.

C : 앉아요. 어떻게 머리를 하려고요?

Tome asiento, por favor. ¿Qué quiere hacerse?

A : 머리 염색 좀 하고 조금 커트할 생각인데.

Pienso teñirme y cortarme un poco el pelo.

C : 염색도 커트도 할 필요도 없어요. 파마만 하시면 되겠네요.

No vale la pena teñirse ni cortarse. Solo necesita hacerse la permanente.

A : 좋아요, 난 당신 손에 달렸으니까. 하지만 너무 강하게 하지는 말아 줘요.

Vale, estoy en sus manos. Pero no demasiado fuerte.

C : 알았어요, 머리 잘 해줄게요. 그리고 매니큐어도 칠해 줄게요.

Sí, cuidaré bien de su pelo. Y le hago la manicura.

표현설명 expresiones

1. 'Adelante.'(들어 오십시요.) 대신에 'Pase.'를 사용해도 무방하다.

2. 'hacer caso a + 사람'은 '~에게 관심을 두다, 상관하다'라는 뜻이다.

3. 시간의 흐름을 표현하고자 할 때 'hace'를 사용한다:
   못 본 지 오래되었다.
   Hace mucho tiempo que no nos vemos.

4. 'vale la pena inf.'는 '~할 가치가 있다, ~할 만하다'라는 뜻이다.

단어 vocabulario

reservación f. 예약
teñir 64 염색하다
cariño m. 애정
demasiado(a) 지나친
clase f. 종류
cortar 5 자르다
permanente f. 파마
manicura f. 매니큐어

기본표현 3(expresión básica 3)

A : 면도 좀 해주세요. Aféiteme, por favor.
B : 그러시죠. A sus órdenes.

A : 머리를 자르고 싶습니다. Quiero cortarme el pelo.
B : 어떻게 이발해 드릴까요? ¿Cómo quiere el corte de pelo?

A : 젤을 발라드릴까요? ¿Desea que le coloque gel?
B : 아니요, 됐습니다. 빗겨만 주세요 No, no gracias. Solamente péineme.

스페인어 한마디 palabra clave

'단지'라는 뜻은 'solo' 또는 'solamente'로 표현한다. 이렇게 부사는 그냥 형용사 남성 단수형으로 표현하기도 한다.

대화 III (diálogo III)

A : 안녕하세요. 앉으십시오.

Buenas tardes. Siéntese, por favor.

B : 안녕하세요. 이발하고 싶습니다.

Buenas tardes. Quiero cortarme el pelo.

A : 샴푸도 해 드릴까요?

¿Champú también?

B : 샴푸도 면도도 필요 없습니다. 머리만 잘라주세요.

Ni champú ni afeitado. Solamente córteme el pelo.

A : 어떻게 잘라 드릴까요?

¿Cómo quiere el corte de pelo?

B : 너무 길지도 짧지도 않게 해주세요.

Ni demasiado largo ni corto.

A : 중간 길이로 할까요?

¿Medio largo?

B : 그러세요. 구렛나룻은 깎지 마세요. 자르지 말고 놔 두세요.

Vale. No me corte la patilla. Déjela sin cortar.

A : 알았어요.

Muy bien.

B : 오른쪽 편이 잘 잘라지지 않은 것 같은데요.

Me parece que el lado derecho no está bien cortado.

A : 이쪽으로요?

¿Por aquí?

B : 아니요, 이마 쪽으로 좀 더요. 네. 거기요.

No, un poco más hacia la frente. Sí, eso.
왼쪽으로 가르마를 타주세요.

Hágame la raya del pelo al lado izquierdo.

A : 젤을 발라드릴까요?

¿Desea que le coloque gel?

B : 아니요, 됐습니다. 빗겨만 주세요.

No, no gracias. Solamente péineme.

표현설명 expresiones

1. '면도하다, 머리를 자르다, 머리 빗다, (손, 얼굴 등을)씻다, 일어나다, 눕다' (afeitarse, cortarse, peinarse, lavarse, levantarse, acostarse) 등은 재귀동사로 표현해야 하며, 재귀대명사는 'me, te, se, nos, os, se'로 인칭변화된 동사의 앞에 붙이면 된다. 단, 긍정 명령형의 경우에는 그 뒤에 붙여 쓰고 동사의 본래 강세 자리에 강세 부호를 붙여야 함에 유의하도록 한다. 동사원형이나 현재분사의 경우에는 앞이나 뒤에 모두 놓일 수 있으나 뒤에 붙일 경우 긍정 명령형처럼 동사의 본래 강세 자리에 강세 부호를 붙여야 한다.

2. 'A도 B도 아닌'이라는 뜻은 'ni A ni B' 또는 'no A ni B'로 표현한다.

3. 스페인은 미장원과 이발소의 구분이 명확하지 않다. 동양인의 머릿결은 대개 직모로 그들의 머릿결과는 상당히 다르기 때문에 가능하면 여행 중에 미장원을 가지 않는 것이 바람직하다. 또한 머리를 감겨주는 것, 스프레이 뿌리는 것, 드라이 해주는 것, 영양액 발라주는 것 등등 거의 모두 별도로 지불해야 한다.

단어 vocabulario

champú m. 샴푸
largo(a) 긴
patilla f. 구렛나룻
raya f. 선, 줄
corte m. 자르기
medio(a) 중간의
frente f. 이마
brillantina f. 포마드

관련 단어 palabras para consulta

1 치마 **falda**

2 바지 **pantalones**

3 원피스 **vestido**

4 외투 **abrigo**

5 레인코트 **gabardina**

6 스타킹 **media**

7 양말 **calcetines**

8 다리미 **plancha**

9 넥타이 **corbata**

10 와이셔츠 **camisa**

미장원 la peluquería

세수하다	**lavarse la cara** 5
머리를 빗다	**peinarse** 5
수염을 깎다	**afeitarse** 5
목욕하다	**bañarse** 5
샤워를 하다	**ducharse** 5
칫솔	**cepillo de dientes**
빗	**peine**
비누	**jabón**
수건	**toalla**
세면대	**lavabo**
욕실	**baño**
화장품	**cosméticos, maquillaje**
향수	**perfume**
샴푸	**champú**
드라이어	**secador**
세탁	**lavado**
세탁소	**tintorería**
다리미	**plancha**
매니큐어	**manicura**
화장한다	**maquillarse** 5
(머리카락) 롤러	**ruleros**
(머리카락) 고데하다	**ondular el pelo** 5

가족관계 la familia

가족	**familia**
할아버지	**abuelo**
할머니	**abuela**
아버지	**padre**
어머니	**madre**
아들, 딸	**hijo, hija**
손자, 손녀	**nieto, nieta**
사촌(남, 여)	**primo, prima**
조카(남, 여)	**sobrino, sobrina**
장인, 장모	**suegro, suegra**
형, 오빠	**hermano mayor**
누나, 언니	**hermana mayor**
남동생	**hermano menor**
여동생	**hermana menor**
(외)삼촌, 이모(고모)	**tío, tía**
처남, 매부, 시아주버니, 시동생	**cuñado**
시누이, 올케, 처제	**cuñada**

상황 12 • 취미생활(aficiones)

기본표현 1(expresión básica 1)

A : 수영장에 갈래 아니면 체육관에 갈래?	¿A dónde vamos, a la piscina o al gimnasio?
B : 네가 원하는 데는 어디든지.	A donde quieras.
A : 수영은 잘하니?	¿Qué tal nadas?
B : 그저 그래.	Más o menos.
A : 수영할 줄 아니?	¿Sabes nadar?
B : 물론이고 말고.	Claro que sí.

스페인어 한마디 palabra clave

1. ¿Qué tal...?은 간단히 '어떻게 지내니?'의 뜻이지만 '어느 정도 하느냐?'의 의미로 사용되기도 한다.
2. '당연하다.'는 뜻은 'Claro que sí./Naturalmente./Obviamente./Ciertamente.'등 다양하게 표현된다.

대화 I (diálogo I)

A : 우리 어디에 갈까, 수영장에 갈까 아니면 체육관에 갈까?

¿A dónde vamos, a la piscina o al gimnasio?

B : 네가 가고 싶은 데면 어디든지.

A donde quieras.

A : 너 수영할 줄 아니?

¿Sabes nadar?

B : 물론. 난 매일 수영하잖아.

Claro que sí. Nado todos los días.

A : 수영은 잘하니?

¿Qué tal nadas?

B : 보통이야. 수영장에 다니기 시작한 지 2주일 됐어.

Más o menos. Hace dos semanas que he empezado a ir a la piscina.

A : 그럼 수영장에 가자.

Entonces vamos a la piscina.

B : 넌 수영 잘하니?

Y tú, ¿qué tal nadas?

A : 괜찮게 하지. 특히 자유형을 잘하지만

Bastante bien. Especialmente el estilo libre, nado bien,

접영과 배영은 아직 잘 못해.

pero el estilo de mariposa o el de espalda todavía no los nado bien.

B : 좋아, 나한테 수영하는 것을 가르쳐 줘, 그럼 내가 나중에 점심 살게.

Bueno, enséñame a nadar. Después, te invitaré al almuerzo.

A : 좋아. 지금 당장 가자!

De acuerdo. ¡Vámonos ahora mismo!

표현설명 expresiones

1. '~든지'는 관계사에 동사 'querer'의 접속법 현재로 이루어진다:
   (네가 원하는)언제든지 cuando quieras
   (당신이 원하는)어디든지 donde quiera

2. '~든지'는 'sea 관계사 sea' 또는 'fuere 관계사 fuere' 의 형태로 표현되기도 한다:
   누구든지 sea quien sea/fuere quien fuere
   얼마든지 sea cuanto sea/fuere cuanto fuere

단어 vocabulario

piscina f. 수영장
nadar [5] 수영하다
bastante 충분한
estilo m. 형, 형태, 스타일
mariposa f. 나비
todavía 아직
gimnasio m. 체육관
semana f. 주, 주일
especialmente 특별히
libre 자유로운
espalda f. 등
almuerzo m. 점심

기본표현 2(expresión básica 2)

A : 영화관에 갈래? ¿Vamos al cine?
B : 좋아, 가자. Vale, vamos.

A : 극장에 가고 싶니? ¿Te apetece ir al teatro?
B : 근사하지! ¡Magnífico!

A : 내가 계획 하나 제안할게: 음악회에 가자. Te propongo un plan: Vamos al concierto.
B : 좋은 생각이다. Buena idea.

스페인어 한마디 palabra clave

'좋다, 멋지다'등의 표현은 다양하게 할 수 있다:
¡Magnífico!/¡Buena idea!/¡Excelente!/¡Fenomenal!/¡Estupendo!/¡Fantástico!/¡Formidable!/¡Extraordinario!/¡Bravo!/¡Viva! etc.

대화 II (diálogo II)

A : 방과 후 뭐 할거니?

¿Qué harás después de la clase?

B : 모르겠어. 아마도 집에 갈거야.

No sé, seguramente iré a casa.

A : 극장에 갈래? 좋은 영화를 상영한다고 하는데.

¿Vamos al cine? Dicen que presentan buenas películas.

B : 오늘은 안돼. 돈이 없어.

Hoy no puedo. No tengo dinero.

A : 걱정하지마, 내가 낼 테니 가자. 여기 신문이 있으니까

No te preocupes. Yo pago, vamos. Aquí está el periódico,

내가 앙헬라에게 전화하는 동안 광고란에서 좋은 영화나 한 편 찾아라.

busca una buena película en la cartelera mientras yo llamo a Ángela.

B : 좋아. 마돈나의 '에비타'는 어떠니?

Vale. 'Evita' de Madonna, ¿qué te parece?

A : 괜찮을 것 같다. 잠깐만, 여보세요?

Parece buena. Espera, ¿oiga?

C : 말씀하세요.

Diga.

A : 앙헬라와 통화할 수 있을까요?

¿Puedo hablar con Ángela?

C : 전데요. 누구세요?

Soy yo. ¿Quién habla?

A : 뻬드로야.

Habla Pedro.

C : 미안해. 넌 줄 몰랐어. 잘 안 들려. 더 크게 말해 봐.

Disculpa, no te había reconocido; es que no se oye bien. Habla más fuerte.

A : 시간 어떠니? 오늘 저녁 7시 30분에 영화관에 가지 않을래?

¿Cómo estás de tiempo?, ¿No te apetece ir al cine esta tarde a las 7:30?

C : 그래, 근사한데. 어느 영화관에?

Sí, magnífico. ¿A qué cine?

A : 로마노 극장이야. 마돈나의 '에비타'를 상영 중이거든.

Al Romano. Dan la película 'Evita' de Madonna.

C : 알았어. 극장 앞에서 7시에 보자.

De acuerdo. Entonces nos vemos enfrente del cine a las 7.

A : 그래. 내가 줄 서서 표를 살게. 이따가 봐.

Sí, yo haré la cola y compraré las entradas. Hasta pronto.

표현설명 expresiones

1. '~할래?'라는 제안을 하는 표현을 하기 위해서는 '¿Quieres~?', 'Tengo una idea~', '¿Qué te parece~?', '¿Te apetece~?' 등으로 표현할 수 있다. 이때 받아들이는 표현으로는 'Sí, acepto.', 'Bueno.', 'Vale.', 'De acuerdo.', '¡Estupendo!' 등을 사용할 수 있고, 거절하는 표현으로는 'No.', 'Lo siento.', 'No me apetece.', 'No tengo tiempo.', 'No tengo ganas.' 등을 사용할 수 있다.

2. 'dicen'이 '사람들이 말하는데'의 뜻인 경우 'se dice'로 바꾸어 표현할 수 있다.

3. 스페인의 영화계는 우리나라와 마찬가지로 헐리우드 영화들이 주를 이루고 있어 별다른 특징은 없다. 우리와 다른 점은 모든 외국 영화들이 스페인어로 더빙되어 있어 자막을 읽어야 하는 수고를 덜 수 있다는 것이다. 그렇지만 독특한 분위기를 주는 배우들의 특징적인 음색은 들을 수 없다. 대부분의 영화관은 수요일에 한하여 약 50% 정도의 할인 가격을 제공하고 있다. 왜냐하면 수요일을 문화 요일로 정해놓고 있기 때문이다.
   연극의 경우 그 관객층은 우리와는 달리 상당히 광범위하며 그 인기 또한 우리와는 비교할 수 없다. 연극이 다른 문학 장르에 비해 유달리 발달한 스페인 문학의 전통 때문인지 주관객층은 웬만한 비평가의 소양을 갖고 있는 중장년층이다.

단어 vocabulario

seguramente 분명히
presentar 5 (영화를) 상영하다
cartelera f. 광고, 포스터
apetecer 33 마음에 들다
enfrente 앞에
teatro m. (연)극장
cine m. 영화관
película f. 영화
reconocido(a) 인식된, 알려진
magnífico(a) 훌륭한
cola f. 줄, 꼬리

기본표현 3(expresión básica 3)

A : 누가 이기고 있니? ¿Quién va ganando?
B : 스페인이 1대 0으로 이기고 있어. España gana uno a cero.

A : 채널을 바꾸고 싶니? ¿Quieres que cambie de canal?
B : 네 마음대로 해. Como quieras.

A : 한국이 거의 이기는 순간이었어. Corea estuvo a punto de ganar.
B : 정말 아쉬워! 운이 따라주지 않았지. ¡Qué lástima! No estuvo con suerte.

스페인어 한마디 palabra clave

'estar + 현재분사'로 진행형을 표현하나 동사 'ir/seguir/continuar/andar'등으로도 진행형을 표현한다.

대화 III (diálogo III)

아나운서: 앞으로 나가는 스페인. 로마리오 선수가 볼을 잡았습니다. 미겔 선수에게 패스. 왼쪽으로 치고 들어갑니다. 외곽을 돌아서 가운데로 찼습니다. 골! 골! 로마리오의 골, 스페인 골. 스페인 1, 브라질 0.

Locutor: Avanza España. Lleva la bola Romario, la pasa a Miguel, entra por la izquierda, bordea el área, saca un centro....¡gol!, ¡gol!, gol de Romario, gol de España, cero para Brasil.

A : 누가 이기고 있어?

¿Quién va ganando?

B : 스페인이 1대 0으로 이기고 있어.

España gana uno a cero.

A : 독일은 어떻게 되었어? 골 넣은 사람이 누군지 알고 있어?

¿Cómo va Alemania? ¿Sabes el marcador?

B : 아니 몰라. 채널을 바꾸고 싶니?

No, no sé. ¿Quieres que cambie de canal?

A : 마음대로.

Como quieras.

B : 독일이 누구와 경기하는데?

¿Con quién juega Alemania?

A : 한국하고.

Con Corea del Sur.

B : 아, 그 경기 벌써 끝났어. 독일이 3대 2로 이겼어. 2대 2로 비기고 있었는데

Ah, ese partido ya terminó, ganó Alemania 3 a 2. Iban empatando 2 a 2,

독일이 후반전 몇 분 남기고 골을 넣었어.

pero Alemania metió un gol en los últimos minutos del segundo tiempo.

한국이 이기는 순간이었는데.

Corea estuvo a punto de ganar.

A : 정말 아깝구나! 운이 따라주지 않았군.

¡Qué lástima! No estuvo con suerte.

표현설명 expresiones

1. 접속사 'como'는 '~처럼, (관사 없이)~로서, ~대로'등의 뜻을 갖는다.
   El habla como padre.
   그는 마치 아버지처럼 말한다.
   Luisa participó en la reunión como oyente.
   루이사는 그 모임에 시청자로 참석했다.
   Compórtate como te digo.
   너에게 말한대로 행동해라.

2. ¿Sabes el marcador?의 뜻은 'el mercador'가 아는 사람이냐는 뜻이 아니고 'el marcador'가 누구인지 아느냐는 것이다. 그러므로 ¿Sabes quién es el marcador?를 간단히 표현한 것이다.

3. 축구는 스페인 뿐만 아니라 전 유럽에서 가장 인기 있는 스포츠로 스페인 프로 리그는 이탈리아와 함께 세계적 수준을 자랑한다. 특히 매년 1, 2위를 다투는 'Real Madrid' 팀과 'Barcelona' 팀과의 경기는 거의 적대적이라 할 수 있는 양 도시의 지역 감정에 편승하여 경기장은 거의 살벌한 분위기까지 연출한다. 또한 유럽 축구 선수들은 곧잘 남여노소를 불문하고 그들의 우상이 되곤한다. 이와 관계하여 스페인에서 빼놓을 수 없는 것은 축구 복권인데, 축구 경기 이전에 리그팀의 점수를 각기 예상하여 복권을 사서 해당 점수를 매겨 경기가 끝난 후 일정 점수를 맞춘대로 해당 금액을 받게 된다. 'Quiniela'(축구복권)에 대한 국민들의 관심은 거의 광적이라 할 수 있다.

단어 vocabulario

avanzar 8 전진하다
bordear 5 모서리를 따라가다
sacar 7 던지다, 서브하다
ganar 5) 승리하다
canal m. 채널
empatar 5 비기다, 동점이 되다
último(a) 마지막의
bola f. 공
área f. 영역
gol m. 골
marcador m. 득점자
partido m. 팀
meter 24 넣다

관련 단어 palabras para consulta

❶ 무대	**escena**
❷ (남)배우	**actor**
❸ (여)배우	**actriz**
❹ 커텐	**cortinas**
❺ 조명	**foco**
❻ 좌석	**butacas**
❼ 매표소	**taquilla**
❽ 줄	**fila**
❾ 오케스트라	**orquesta**

운동경기 los deportes

스포츠	**deporte**
배구	**vólibol**
농구	**baloncesto**
테니스	**tenis**
핸드볼	**balonmano**
배드민턴	**volante**
탁구	**pingpong**
골프	**golf**
볼링	**juego de bolo**
복싱	**boxeo**
야구	**béisbol**
축구	**fútbol**
스키	**esquí**
등산	**alpinismo**
경마	**carrera de caballos**
수영	**natación**
스케이팅	**patinaje**
체조	**gimnasia**
마라톤	**maratón**
에어로빅	**aerobics**

취미생활 las aficiones

트럼프	naipe, cartas
체스	ajedrez
도박	apuesta
주사위	dado
복권	lotería
수집	colección
우표 수집	colección de sellos
당구	billar
낚시	pesca
영화	película
연극	teatro
투우	toro
독서하다	leer 28
뛰다	correr 24
걷다	caminar 5
음악을 듣다	escuchar la música 5

상황 13 • 여행(viaje)

기본표현 1(expresión básica 1)

A : 이 버스 쁘라도 박물관에 가나요?	¿Va este autobús al Museo del Prado?
B : 네, 타십시오.	Sí, señor. Suba.
A : 장거리 버스 정류장이 어디에 있습니까?	¿Dónde está la parada del autobús de larga distancia?
B : 저 거리 끝에 있습니다.	Al final de aquella calle.
A : 우리가 도착할 때, 제게 좀 알려주세요.	Avíseme, por favor, cuando lleguemos.
B : 물론이죠. 알려드릴게요.	Con mucho gusto, le avisaré.

스페인어 한마디 palabra clave

1. '~의 끝에'라는 표현은 'al final de, al fondo de'로 표현한다.

2. 차에 '올라타다'라는 표현을 위해서는 동사 'subir'를 사용하며, '내리다'라는 표현을 위해서는 동사 'bajar'를 사용한다. 그리고 '(차를)타다'라는 표현은 동사 'tomar'를 사용한다.

대화 I (diálogo I)

A : 실례합니다만 버스 정류장이 어디에 있습니까?

Disculpe, señor. ¿Dónde está la parada del autobús?

B : 이 거리 끝에요.

Al final de esta calle.

A : 고맙습니다.

Gracias.

A : 이 버스 쁘라도 박물관 갑니까?

¿Va este autobús al Museo del Prado?

C : 네, 타세요.

Sí, señora. Suba.

A : 거기까지 요금이 얼마입니까?

¿Cuánto cuesta hasta allí?

C : 어느 곳이든지 요금은 1유로입니다.

1 euro a cualquier dirección.

A : 버스로 거기 가는데 얼마나 걸립니까?

¿Cuánto tiempo se tardará en llegar allí en autobús?

C : 약 30분 정도요.

Más o menos media hora.

A : 도착하면 알려주세요.

Avíseme, por favor, cuando lleguemos.

C : 걱정마세요. 알려드릴게요.

No se preocupe. Le avisaré.

표현설명 expresiones

'버스 정류장이 어디 있습니까?'는 '¿Dónde está la parada del autobús?'로 표현하지만 약간 다르게 '버스 정류장이 어디 있을까요?'라고 한다면 '¿Dónde estará la parada del autobús?'로 할 수 있고 마찬가지로 '이 버스는 쁘라도 박물관 갑니까?'는 '¿Va este autobús al Museo del Prado?'이지만 '이 버스는 쁘라도 박물관 가겠죠?'는 '¿Irá este autobús al Museo del Prado?'로 표현할 수 있다. 즉, 직설법 미래를 현재 상황에 사용하면 약간 다른 뉘앙스를 표현하게 된다.

단어 vocabulario

parada f. 정류장
dirección f. 주소
cualquiera 어느, 누구라도 괜찮은
avisar 5 알리다

기본표현 2(expresión básica 2)

A : 입장권 2장 주세요. Deme dos entradas, por favor.
B : 여기 있습니다. Aquí están.

A : 박물관은 몇 시에 닫습니까? ¿A qué hora cierra el museo?
B : 6시에요. A las 6.

A : 저 그림 좀 봐라! ¡Mira aquel cuadro!
B : 근사한데! 누구 작품이야? ¡Qué magnífico! ¿De quién es?
A : 피카소꺼야. Es de Picasso.

스페인어 한마디 palabra clave

1. '몇 시에...?'를 표현하기 위해서는 전치사 'a'를 사용하여 '¿A qué hora...?'로 표현한다. 대답도 역시 'a'를 사용해서 한다. 그러나 시간을 물어볼 때는 'a'없이 '¿Qué hora es?'로 표현한다.

2. 'ser de ~'는 보통 '~출신'을 표현하며 '소유'를 뜻하기도 한다.

대화 II (diálogo II)

A : 안녕하세요. 입장권 2매 주세요.

Buenas tardes. Deme dos entradas, por favor.

B : 여기 있습니다.

Aquí están.

A : 고맙습니다. 어디로 들어가지요?

Gracias. ¿Por dónde entramos?

B : 오른쪽 문으로 들어가십시오.

Pasen por la puerta derecha, por favor.

A : 아, 여기가 피카소 그림을 전시한 방이야. 굉장히 멋있는 그림들이다!

Ah, aquí es la sala de Picasso. ¡Qué cuadros tan magníficos!

C : 그래. 하지만 난 피카소 그림을 그렇게 좋아하지 않아. 다른 방으로 가자.

Sí, pero no me atraen tanto. Vamos a otra sala.

A : 실례합니다. 고야의 그림들은 어디에 있습니까?

Disculpe, ¿dónde están los cuadros de Goya?

B : 저 복도 끝, 6번 방에 있습니다.

En la sala 6, al final de este pasillo.

C : 고맙습니다.

Gracias.

A : 너 고야의 그림을 좋아하니?

¿Te gustan los cuadros de Goya?

C : 물론이고 말고. 난 그의 팬이야.

Por supuesto. Soy fanático suyo.

A : 그럼 이 그림의 제목이 무엇인지 아니?

Entonces, ¿sabes el título de este cuadro?

C : 음... 지금 기억이 잘 안나.

Hum... ahora no lo recuerdo.

A : 이 바보야! '옷 벗은 여인'이잖아. 그림 아래 써 있는 제목도 안 보여?

¡Qué tonto eres! Es "La Maja Desnuda". ¿No ves el título debajo del cuadro?

표현설명 expresiones

1. 'tonto'는 '바보'라는 뜻이나 상황에 따라 나쁘게도 친근하게도 쓰일 수 있다.
2. 거미줄처럼 얽혀 있는 'Madrid'의 지하철을 이용하면 어느 곳이나 다 갈 수 있을 정도로 대중 교통 수단은 잘 발달되어 있다. 여행객들이 빼놓지 않고 들르는 박물관으로 두 군데를 들 수 있는데, 그 하나는 가장 많은 미술 작품을 보유하고 있는 'Museo del Prado'이며, 또 다른 하나는 대개 20세기 회화들을 모아 놓은 'Museo Contemporáneo de Doña Sofía'이다.
3. 'La Maja Desnuda'는 Francisco de Goya(1746-1828)의 회화 작품이며, 후에 그린 'La Maja Vestida'도 있다.

단어 vocabulario

entrada f. 입장권
cuadro m. 그림
pasillo m. 복도
título m. 제목
desnudo(a) 옷 벗은
sala f. 방
atraer 47 끌어당기다, 매료시키다
fanático(a) m.f. 광, 매니아
recordar 16 기억하다
debajo de ~아래에

기본표현 3(expresión básica 3)

A : 침대칸이 딸린 딸고 특급열차표 세 장 주세요.	Por favor, deme tres billetes de coche-cama del Expreso TALGO.
B : 여기 있습니다.	Aquí los tiene.
A : 기차가 어느 플렛폼에서 출발합니까?	¿De qué andén sale el tren?
B : 세 번째 플렛폼입니다.	Del andén tercero.
A : 식당칸이 있습니까?	¿Hay coche-comedor?
B : 물론입니다.	Claro.

스페인어 한마디 palabra clave

표를 의미하는 단어는 'billete'이며, 왕복표는 'billete de ida y vuelta'로 표현하고 편도표는 'billete de ida'로 표현한다. 그리고 'coche-comedor(restaurante)'는 기차의 식당차를, 'coche-cama'는 기차의 침대차를 의미한다.

대화 III (diálogo III)

A : 기차역이 어디에 있는지 아니?

¿Sabes dónde está la RENFE?

B : 응, 같이 가줄게. 가까이에 있어.

Sí, te acompaño. Está cerca.

< En la taquilla 매표소에서 >

A : 바르셀로나행 고속 열차표 한 장 주세요.

Por favor, un billete del Expreso Alvia para Barcelona.

C : 왕복표요?

¿De ida y vuelta?

A : 아니요, 편도만 주세요.

No, solo billete de ida, por favor.

B : 실례합니다. 식당칸은 있나요?

Disculpe, ¿tiene coche-comedor?

C : 물론이요.

Claro.

A : 몇 시에 기차가 출발하나요?

¿A qué hora sale el tren?

C : 오후 6시, 5번 플랫폼에서요.

A las 18, en el andén quinto.

< En el tren 기차 안에서 >

D : 표요, 표오오, 표 좀 보여주세요.

Billetes, por favor, billeteeess. Su billete, por favor.

A : 여기 있어요.

Aquí tiene.

D : 그런데 2등칸 표를 가지고 계신데, 1등칸에 타셨군요.

Pero, Ud. tiene un billete de segunda y este es un vagón de primera.

A : 그럼 어떻게 해야하지요?

¿Qué hay que hacer entonces?

D : 차액만 내십시오.

Pagar la diferencia.

A : 그래요? 알았어요. 그럼 3등칸으로 갈테니 댁이 나한테 차액을 지불하셔야겠군요?

¿Ah, sí? Bueno, voy al vagón de tercera. ¿Ahora Ud. me paga la diferencia?

표현설명 expresiones

1. RENFE: Red Nacional de los Ferrocarriles Españolas(스페인 국립 철도)
2. Alvia: Ave(Alta Velocidad Española)의 일종
3. 마드리드에는 세 군데 큰 기차역이 있는데 주로 마드리드 북부 지방을 비롯하여 다른 유럽 국가들을 여행하려면 'Chamartín'역을 이용해야 하며, 안달루시아 지방 등 남부를 여행할 경우에는 'Atocha'역을 이용하고, 'Avila'나 'Salamanca' 등 중서부 지방을 여행하기 위해서는 'Norte'역을 이용하여야 한다.

단어 vocabulario

acompañar [5] 동행하다
ida f. 가기
andén m. 플랫폼
segundo(a) 두 번째의
diferencia f. 차액, 차이
taquilla f. 매표소
vuelta f. 오기
quinto(a) 다섯 번째의
primero(a) 첫 번째의
vagón m. 차량

관련 단어 palabras para consulta

❶ 동	Este
❷ 서	Oeste
❸ 남	Sur
❹ 북	Norte
❺ 출발	salida
❻ 도착	llegada
❼ 스튜어디스	azafata
❽ 배	barco
❾ 선실	cabina
❿ 갑판	cubierta
⓫ 부두	muelle
⓬ 항구	puerto

관련 단어 palabras para consulta

1	호수	lago
2	등산객	alpinista
3	숲	bosque
4	산	montaña
5	텐트	tienda
6	파라솔	sombrilla
7	일광욕하는 사람	persona tomando el sol
8	수영복	traje de baño
9	수영하는 사람	nadador
10	배	barco
11	갈매기	gaviota
12	호텔	hotel
13	해변	playa
14	바다	mar
15	모래	arena
16	양동이	cubo

⊙ 관련 단어 palabras para consulta

❶ 매표소	**taquilla**
❷ 검표원	**inspector**
❸ 플랫폼 번호	**número de andén**
❹ 플랫폼	**andén**
❺ 시간표	**horario**
❻ 승객	**pasajeros**

여행과 자연 el viaje y la naturaleza

하이킹	**caminata**
관광	**turismo**
호텔	**hotel**
여관	**hostal**
여행자	**viajero**
지도	**mapa**
여행사	**agencia de viaje**
국경	**frontera**
바다	**mar**
해안	**costa**
반도	**península**
해변	**playa**
항	**puerto**
평야	**llano**
사막	**desierto**
강	**río**
호수	**lago**
폭포	**cascada**
산	**montaña**
화산	**volcán**
산맥	**sierra**
목장	**prado**

날씨 el clima

날씨가 좋다	**Hace buen tiempo.**
날씨가 나쁘다	**Hace mal tiempo.**
바람이 분다	**Hace viento.**
비가 온다	**Llueve.**
눈이 온다	**Nieva.**
춥다	**Hace frío.**
덥다	**Hace calor.**
구름이 끼었다	**Está nublado.**
폭풍	**tormenta**
천둥	**trueno**
번개	**relámpago**
홍수	**diluvio**
안개	**niebla**
해 질 무렵에	**Al anochecer**
오후 무렵에	**Al atardecer**
새벽녘에	**Al amanecer**
습하다	**Está húmedo.**

상황 14 • 우체국에서(en la casa de correos)

기본표현 1(expresión básica 1)

A : 보통으로 부칠 건가요, 속달로 부칠 건가요?	¿Quiere hacer un envío común o un envío urgente?
B : 등기로 부쳐주세요.	Quiero una carta certificada.
A : 이것을 항공우편으로 보내고 싶어요.	Quiero enviar esto por avión.
B : 어디로 부치실 겁니까?	¿A dónde quiere enviarlo?
A : 어디서 우표를 살 수 있나요?	¿Dónde puedo comprar el sello?
B : 7번 창구로 가십시오.	Vaya a la ventanilla 7, por favor.

스페인어 한마디 palabra clave

'~편으로'라는 표현:
뭘 타고 왔어? ¿En qué has venido?
기차 타고 왔어. He venido en tren.
말 타고 왔어. He venido a caballo.
걸어서 왔어. He venido a pie.

대화 I (diálogo I)

A : 아가씨, 이 편지를 한국에 보내려고 하는데요.

Señorita, quiero enviar esta carta a Corea.

B : 저울에 올려 놓으세요. 보통으로 부칠 건가요, 속달로 부칠 건가요?

Póngala en la balanza. ¿Quiere hacer un envío común o un envío urgente?

A : 등기로 부쳐주세요.

Quiero una carta certificada.

B : 10유로입니다. 14번 창구에서 지불하십시오.

Son 10 euros. Pague en la ventanilla, número 14.

A : 고맙습니다. 여기서 우편엽서도 판매합니까?

Gracias. ¿Aquí también se vende la tarjeta postal?

B : 네, 그렇습니다.

Sí, señor.

A : 어느 창구에서 사지요?

¿En qué ventanilla?

B : 6번 창구로 가십시오.

Vaya a la ventanilla 6, por favor.

표현설명 expresiones

'보내다'라는 표현은 동사 'enviar, mandar'를 쓰거나 또는 'hacer un envío'와 같이 동사와 명사로 분리하여 표현할 수 있다. 이와 같이 표현되는 동사들은 'pasear-dar un paseo(산책하다)', 'fotografiar-sacar la fotografía(사진 찍다)', 'hacer un trabajo-trabajar(일하다)' 등이 있으며, 많은 동사들이 이와 같이 표현될 수 있다.

단어 vocabulario

enviar [9] 보내다
común 일반적인
certificado(a) 등기된
balanza f. 저울
urgente 급한
tarjeta postal f. 우편엽서

기본표현 2(expresión básica 2)

A : 이 소포를 항공편으로 한국에 보내고 싶습니다.	Quiero mandar este paquete a Corea por correo aéreo.
B : 이 서식에 기입해 주세요.	Llene este formulario, por favor.
A : 선편 요금은 얼마입니까?	¿Cuál es la tarifa para los envíos marítimos?
B : 부피에 따라 다릅니다.	Depende del tamaño.
A : 도착하는데 얼마나 걸립니까?	¿Cuánto tiempo se tarda en llegar?
B : 약 한 달쯤 걸립니다.	Casi un mes.

스페인어 한마디 palabra clave

'항공편으로'는 'por avión/por correo aéreo/por vía aérea' 등으로 표현할 수 있다.

대화 II (diálogo II)

A : 안녕, 너, 어떻게 지내니? 너 어디 가고 있어?

¡Hola! ¿Qué tal, amigo? ¿Adónde vas?

B : 우체국에. 이 소포를 붙여야 돼.

Voy al Correo. Tengo que mandar este paquete.

A : 그게 뭔데?

¿Qué es eso?

B : 우리 엄마 생일 선물이야.

Es un regalo de cumpleaños para mi madre.

A : 같이 가줄까?

¿Te acompaño?

B : 그럼 좋고 말고.

¡Sí, me gustaría mucho!

< En el correo 우체국에서 >

B : 이 소포를 한국에 항공우편으로 보내려고요.

Quiero enviar este paquete a Corea por correo aéreo.

C : 저울에 올려 놓으세요.

Póngalo en la balanza.

A : 왜 선편으로 보내지 않니? 훨씬 더 쌀텐데.

¿Por qué no lo mandas por barco? Es más barato.

B : 선편 요금은 얼마입니까?

¿Cuál es la tarifa para los envíos marítimos?

C : 크기에 따라 다르지요.

Depende del tamaño.

B : 선편으로는 도착하는데 시간이 얼마나 걸려요?

¿Cuánto tiempo se tarda en llegar por barco?

C : 거의 한 달 정도요.

Casi un mes.

B : 요금은 더 쌀지라도 안되겠네요.

No me conviene aunque salga más barato.

C : 필요하시면 우체국에서 포장 서비스도 해 드립니다.

Si usted necesita, el correo también tiene servicio de empaque.

A : 우선 우표부터 사고 선물 포장을 할 필요가 있겠다.

Bueno, primero necesitas comprar las estampillas y luego envolver lo del regalo.

곧 돌아올게요.

Ya regresamos.

표현설명 expresiones

1. 'depender de ~'는 '~에 달려있다, ~에 의존하다'라는 표현이다.
2. 스페인에서 우리나라에 우편으로 보내고자 한다면 반드시 'Corea del Sur'라고 표기해야 한다. 아직도 종종 북한(Corea del Norte)으로 가버리기 때문이다.
3. '첫째'는 'primero'이고 '마지막째'는 'último'이다.

단어 vocabulario

regalo m. 선물
barco m. 배
empaque m. 포장
envolver 30 포장하다
cumpleaños m. 생일
barato(a) 싼
estampilla f. 우표
regresar 5 돌아오다

기본표현 3(expresión básica 3)

A : 얘, 너 수신자 부담으로 어떻게 전화하는 지 알아?	Oye, ¿sabes cómo se llama a cobro revertido?
B : 모르겠는데, 왜?	Ni idea, pero ¿por qué?
A : 내 것을 써, 내것은 월정 요금으로 조건이 없어.	Usa el mío, el mío es sin condiciones con la tarifa mensual.
B : 정액제야?	¿Está fijo el precio?
A : 몰랐어? 이 요금제가 더 좋아.	¿No lo sabías? Esta tarifa es mejor.
B : 그런 것 같네.	Ya lo creo.

스페인어 한마디 palabra clave

1. 'Ya lo creo.'는 '그런 것 같애.'이고 반대의 표현은 'No lo creo.'이다.

2. 'Ni idea.'는 다르게 'No lo sé.'로 표현할 수 있다.

대화 III (diálogo III)

A : 엄마, 어떻게 지내요?

Mamá, ¿qué tal estás?

B : 어머, 아들아, 나는 당연히 잘 있지, 너는?

Ay, hijo mío, estoy bien, claro, ¿y tú?

A : 저도요. 크리스마스와 새해 인사 드리려고 전화했어요.

Yo, también, te llamo para decir 'Feliz Navidad y Feliz Año Nuevo'.

B : 고맙다, 얘야, 크리스마스 휴가는 어디서 보낼거니?

Gracias, hijo, ¿en dónde vas a pasar las fiestas navideñas?

A : 제 친구 빠꼬 아시죠? 그 부모님께서 집으로 초대해 주셨어요. 그래서 거기서 며칠 지낼거예요.

Conoces a un amigo mío, Paco, ¿verdad? Sus padres me invitaron a su casa y nos pasaremos allí unos días.

B : 정말 잘됐구나! 재미있게 잘 보내고 그 부모님께 내 안부도 전해줘.

¡Qué bien, qué bien! Que paséis felices fiestas y diles mis recuerdos a sus padres.

A : 참, 엄마, 크리스마스 선물 보냈어요. 일주일 안에 받을거예요.

Una cosa, mamá. Te mandé el regalo de Navidad, lo recibirás dentro de una semana.

B : 고맙다, 얘야, 너도 내 선물을 2~3일 내로 받을거야.

Gracias, hijo, también recibirás el mío en dos o tres días.

A : 감사해요, 엄마. 크리스마스 지나고 또 전화할게요. 안녕히 계세요, 엄마.

Gracias, mamá, te volveré a llamar después de Navidad, ¡chao, mamá!

B : 잠깐, 전화 끊지 마, 아빠가 지금 집에 계신데 딴 전화를 받고 계셔서. 됐다. 아빠랑 통화해.

Un momento, no cuelgues, está papá en casa ahora, lo que pasa es que está al otro teléfono. Ya está, espera. Habla con tu papá.

표현설명 expresiones

1. '전화가 연결되다'라는 표현은 'Está al teléfono.'로 표현하고, '통화 중입니다'라는 표현은 'Está ocupado.'로 표현한다. '전화를 끊다'라는 표현은 동사 'colgar'로 표현하며, 따라서 '끊지 말고 기다리세요'라는 표현은 'Espere sin colgar, por favor.'로 표현할 수 있다.

2. '¡Chao!'는 이탈리아어인데 스페인어권에서 '¡Adiós!'대신 흔하게 쓰이며 전화상 'oiga'나 'diga' 대신에 프랑스어에서 나온 'aló'를 말하기도 하지만 이는 주로 중남미에서 사용한다.

단어 vocabulario

distancia f. 거리
llamada f. 통화
persona f. 사람
código m. 번호
cobro revertido m. 수신자 부담
colgar 18 끊다

관련 단어 palabras para consulta

❶ 직원	**empleado**
❷ 저울	**balanza**
❸ 진열대	**mostrador**
❹ 우체통	**buzón de correos**
❺ 우표	**sello**
❻ 주소	**dirección**
❼ 엽서	**tarjeta postal**
❽ 봉투	**sobre**
❾ 라벨	**etiqueta**
❿ 소포	**paquete**
⓫ 소포창구	**ventanilla de los paquetes**
⓬ 사서함	**apartados de correos**
⓭ 집배원	**repartidor**

관련 단어 palabras para consulta

❶ 전화 교환국	**centralita**
❷ 교환수	**operadora**
❸ 공중전화	**teléfono público**
❹ 전화 번호부	**guía telefónica**
❺ 선	**cordón**
❻ 수화기	**auricular**
❼ 전화기 번호판	**marcador**
❽ 전화부스	**cabina telefónica**

전화, 전신, 우편 los correos

공중전화	**teléfono público**
전화박스	**cabina de teléfono**
전화번호부	**guía telefónica**
전화국	**La Telefónica**
번호가 틀리다	**equivocarse de número**
장거리 전화	**conferencia de larga distancia**
전신	**telegrafía**
수취인	**destino**
요금	**tarifa**
전보	**telegrama**
항공편	**correo aéreo**
우체통	**buzón de correos**
편지	**carta**
엽서	**tarjeta postal**
소포	**paquete**
등기우편	**carta certificada**
봉투	**sobre**
우표	**sello**
무게	**peso**
초과	**exceso**
핸드폰	**teléfono celular**
전화카드	**tarjeta de teléfono**
스마트폰	**teléfono inteligente**

날짜 el día

월요일	**lunes**
화요일	**martes**
수요일	**miércoles**
목요일	**jueves**
금요일	**viernes**
토요일	**sábado**
일요일	**domingo**
1월	**enero**
2월	**febrero**
3월	**marzo**
4월	**abril**
5월	**mayo**
6월	**junio**
7월	**julio**
8월	**agosto**
9월	**septiembre**
10월	**octubre**
11월	**noviembre**
12월	**diciembre**

상황 15 • 병이 났을 때(cuando estás enfermo)

기본표현 1(expresión básica 1)

A : 수면제 있습니까? ¿Tiene pastillas para dormir?
B : 처방전은 있습니까? ¿Tiene receta?

A : 열이 있는데요, 어쩌죠? Tengo fiebre, ¿qué me dice?
B : 아스피린이 어떻겠습니까? ¿Qué te parece aspirinas?

A : 썬텐 크림 있습니까? ¿Tiene crema bronceadora?
B : 어느 것으로 하시겠습니까? ¿Cuál prefiere?

스페인어 한마디 palabra clave

1. '¿Qué...?'는 막연히 '무엇'이라는 뜻이지만 '¿Cuál...?'은 '(여러 가지 중에)어느 것이냐'는 뜻이다.

2. 의문사만 가지고도 실제 상황에서는 유용하게 활용할 수 있다:
누구 quién/무엇 qué/어디 dónde/언제 cuándo/어느 것 cuál/얼마 cuánto

대화 I (diálogo I)

A : 잠을 잘 잘 수가 없어요. 수면제 있나요?

No puedo dormir bien. ¿Tiene pastillas para dormir?

B : 처방전 없이는 판매가 금지되어 있어요.

Se prohíbe venderlas sin receta.

A : 그렇다면, 아스피린을 주세요.

Entonces, deme aspirinas, por favor.

B : 특별히 원하시는 상표라도 있습니까?

¿Alguna marca en especial?

A : 아니요, 아무거나 상관없어요.

No, cualquiera me da igual.

B : 뭐 더 필요하신 것은요?

¿Algo más?

A : 아니요, 됐습니다.

Nada más.

표현설명 expresiones

'en especial'은 부사적 표현으로 'especialmente'로 바꾸어 표현할 수 있다:
분명하게 con claridad/claramente
조심스럽게 con cuidado/cuidadosamente
진실로 de verdad/ verdaderamente
진지하게 en serio/seriamente
절대로 en absoluto/absolutamente
특별히 en particular/particularmente 등

단어 vocabulario

pastilla f. 알약
aspirina f. 아스피린
especial 특별한
receta f. 처방전
marca f. 상표
igual 똑같은

기본표현 2(expresión básica 2)

A : 너 무슨 일이니? 창백해 보이는데.	¿Qué te pasa? Estás pálido.
B : 머리가 아파.	Tengo dolor de cabeza.
A : 병원에 왜 안 가니?	¿Por qué no vas al médico?
B : 무서워서.	Tengo miedo.
A : 어떠세요?	¿Cómo se siente?
B : 머리도 아프고 목도 아파요.	Me duelen la cabeza y la garganta.

스페인어 한마디 palabra clave

동사 'doler'(~가 아프다)는 동사 'gustar'처럼 인칭대명사 간접목적격과 함께 사용한다:
어디가 아프십니까? ¿Dónde le duele?

대화 II (diálogo II)

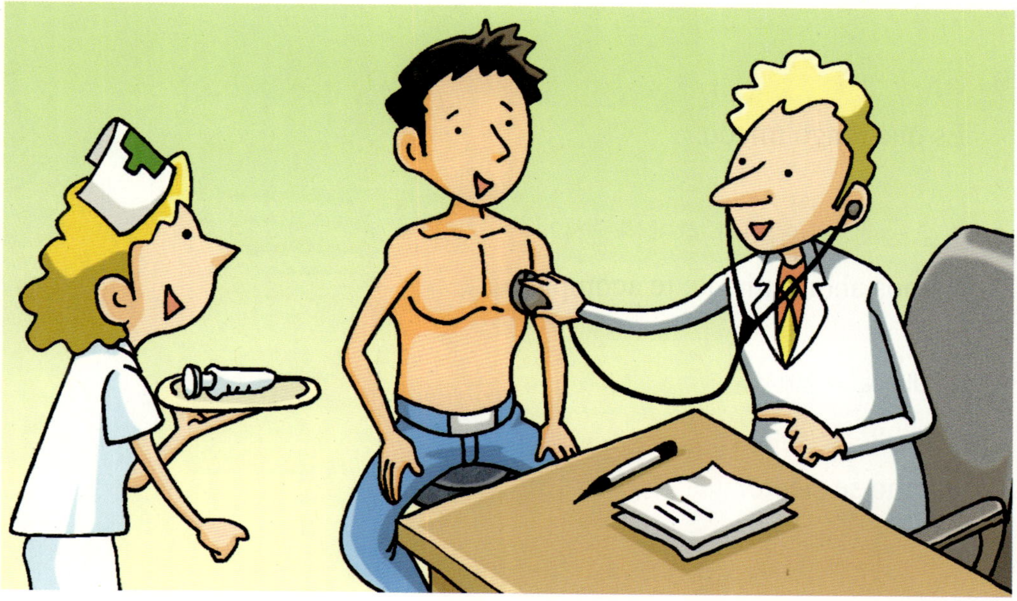

A : 너 무슨 일이야? 창백한데.

¿Qué te pasa? Te veo pálido.

B : 머리가 아파.

Tengo dolor de cabeza.

A : 약은 먹었니?

¿Has tomado alguna medicina?

B : 아스피린 몇 알 먹었어.

Solo algunas aspirinas.

A : 왜 병원에 가지 않니?

¿Por qué no vas al médico?

B : 실은 무서워.

Es que tengo miedo.

A : 지금 당장 병원에 가자. 같이 가줄게.

Vamos ahora mismo, te acompaño.

< En la clínica 병원에서 >

C : 어디가 안 좋아요?

¿Cómo se siente?

B : 머리도 아프고 목도 아파요. 게다가 오한도 나고요.

Me duelen la cabeza y la garganta. Además tengo escalofrío.

C : 감기에 걸리셨군요. 별거 아니에요. 몇 일 푹 쉬시고

Está resfriado. No tiene importancia. Solo necesita descansar unos días.

매 식사 후 이 약을 3알씩 드시면 돼요.

Tome tres pastillas después de cada comida.

B : 고맙습니다, 선생님.

Gracias, doctora.

표현설명 expresiones

1. '¿Qué te pasa?'도 동사 'gustar'처럼 인칭대명사 간접목적격과 함께 사용한다.

2. '(신체부위가)아프다'라는 표현을 위해서는 동사 'tener'를 이용한 관용적 표현으로 'tener dolor + 신체부위'로 표현할 수 있을 뿐만 아니라 동사 'doler'를 이용하여 '간접목적격 + duele(n) + 신체부위'로 표현할 수 있다. 이 때 신체부위 앞에는 소유형용사 (mi, tu, su...) 등을 쓰지 않음에 유의하도록 한다.

단어 vocabulario

pálido(a) 창백한
médico m. 의사 f. médica
clínica f. 병원
garganta f. 목구멍
resfriado m. 감기
descansar 5 쉬다
cabeza f. 머리
miedo m. 무서움
sentir 65 느끼다
escalofrío m. 오한
importancia f. 중요성

기본표현 3(expresión básica 3)

A :	선생님, 이가 아파요.	Doctor, tengo dolor de dientes.
B :	여기 앉으시고, 입을 벌리세요.	Siéntese aquí, y abra la boca.
A :	아이, 아야!	Ay, ¡qué dolor!
B :	좀 참으세요.	Tenga paciencia.
A :	왜 그렇지요?	¿Qué pasa?
B :	충치가 있어서 어금니를 뽑아야 해요.	Tiene caries y es necesario sacarle una muela.

스페인어 한마디 palabra clave

'¿Qué pasa?'는 '¿Qué te pasa?'처럼 인칭대명사 간접목적격과 함께 사용해도 무방하다.

대화 III (diálogo III)

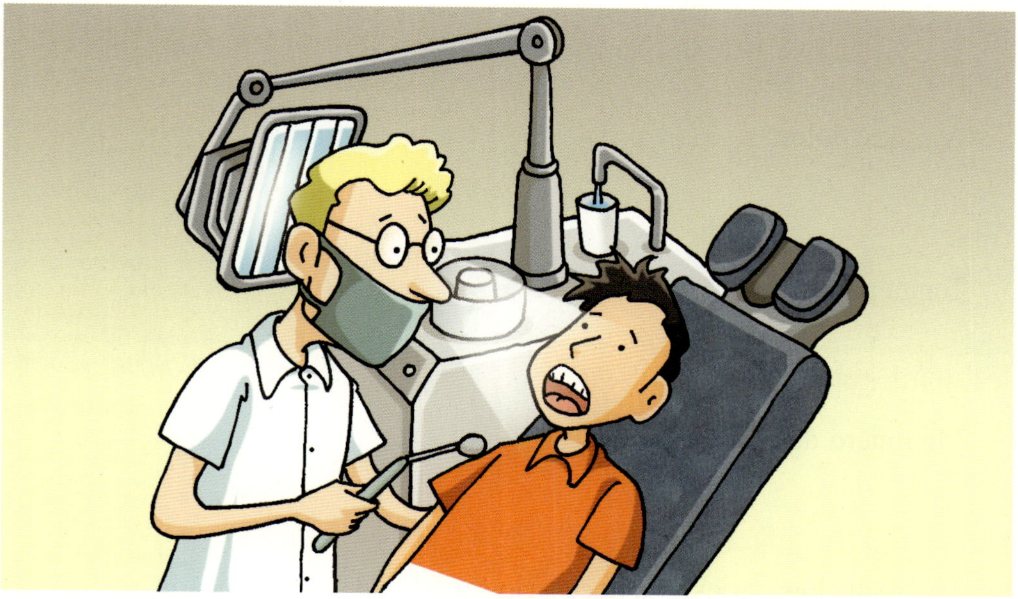

A : 들어오세요.

Pase, por favor.

B : 고맙습니다.

Gracias.

A : 여기 앉으세요. 어디가 아프시죠?

Siéntese aquí. ¿Qué le duele?

B : 이가 아파요.

Me duelen los dientes.

A : 어디 봅시다. 입을 벌리세요.

A ver, abra la boca.

B : 아이, 아야!

Ay, ¡qué dolor!

A : 좀 참으세요.

Tenga paciencia.

B : 아파 죽겠어요.

Me muero de dolor.

A : 충치가 많으시네요. 충치 하나를 빼야겠네요.

Tiene muchas caries. Es necesario sacarle una muela picada.

B : 이를 뽑지 않고 통증을 가라앉힐 수는 없나요?

¿No se puede quitar el dolor sin sacarla?

A : 네. 그건 불가능합니다. 걱정 마세요. 마취 주사를 놓을 거니까요.

No, eso es imposible. No se preocupe. Le pongo anestésico.

표현설명 expresiones

명령문은 2인칭과 3인칭의 명령이 있으며, 2인칭 'tú'에 대한 명령은 동사의 직설법 3인칭 단수의 동사를 이용하여 표현하고, 3인칭 'ud./uds.'에 대한 명령은 접속법 3인칭 동사를 사용한다.(abre-abra, sienta-siente) 이때, 'tener' 동사와 같이 2인칭 단수에서 불규칙 변화를 하는 동사들에 유의해야 한다. (tener-ten, salir-sal, venir-ven, decir-di) 등.

단어 vocabulario

doler 30 아픔을 주다
boca f. 입
morir 68 죽다
muela f. 어금니
quitar 5 뽑다, 제거하다
anestésico(a) 마취의
diente m. 이
paciencia f. 참을성, 인내
caries f. 충치
picado(a) 썩은
imposible 불가능한

관련 단어 palabras para consulta

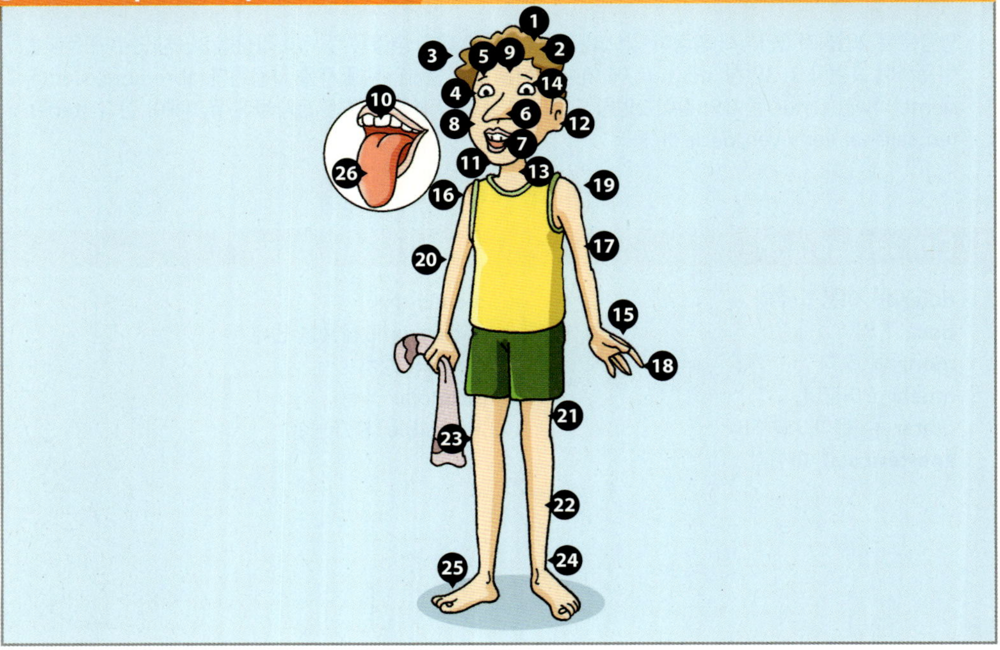

1 머리	**cabeza**	15 손	**mano**
2 머리카락	**pelo**	16 어깨	**hombro**
3 얼굴	**cara**	17 팔	**brazo**
4 눈	**ojo**	18 손가락	**dedo**
5 눈썹	**ceja**	19 등	**espalda**
6 코	**nariz**	20 팔꿈치	**codo**
7 입	**boca**	21 넓적다리	**muslo**
8 볼	**mejilla**	22 다리	**pierna**
9 이마	**frente**	23 무릎	**rodilla**
10 이	**diente**	24 발목	**tobillo**
11 턱	**mentón**	25 발	**pie**
12 귀	**oreja**	26 혀	**lengua**
13 목	**cuello**		
14 속눈썹	**pestaña**		

관련 단어 palabras para consulta

1 침대	**cama**
2 의사	**doctor**
3 청진기	**estetoscopio**
4 환자	**paciente**
5 간호사	**enfermera**
6 깁스 붕대	**cabestrillo**
7 목발	**muleta**
8 붕대	**vendaje**
9 체온계	**termómetro**
10 앰뷸런스	**ambulancia**
11 사이렌	**sirena**
12 링겔	**suero**
13 약국	**farmacia**
14 약	**medicina**

신체부위 el cuerpo

신체	cuerpo
머리	cabeza
머리카락	pelo
얼굴	cara
눈	ojo
귀	oreja
코	nariz
입	boca
입술	labio
이	diente
어금니	muela
혀	lengua
목	cuello
목구멍	garganta
턱	mandíbula
이마	frente
어깨	hombro
등	espalda
가슴	pecho
배	vientre
위	estómago
엉덩이	caderas
심장	corazón
손	mano
손가락	dedo
팔	brazo
다리	pierna
무릎	rodilla
피부	piel

피	sangre
지문	huellas digitales
손바닥	palma de la mano
발	pie
발바닥	planta de pie
발가락	dedo de pie
손톱	uñas

질병 la enfermedad

병	enfermedad
열	fiebre
감기	resfriado
콜레라	cólera
빈혈	anemia
고혈압	hipertensión
중독	intoxicación
충치	caries
암	cáncer
심장마비	parálisis de corazón
탈구	dislocación
설사	diarrea
상처	herida
맹장염	apendictis
전신마비	parálisis total
부분마비	parálisis local
기침	tos
유행병	epidemia
유행성 감기	gripe

상황 16 • 경찰서에서(en la comisaría)

기본표현 1(expresión básica 1)

A : 뭘 도와드릴까요? ¿En qué puedo servirle?
B : 지갑을 잃어버렸습니다. He perdido mi cartera.

A : 어디서 잃어버렸습니까? ¿Dónde la perdió?
B : 지하철에서요. En el metro.

A : 택시에 내 여권을 두고 내렸어요. He dejado mi pasaporte en el taxi.
B : 걱정하지 마세요. No se preocupe.

스페인어 한마디 palabra clave

'He perdido mi cartera.'나 'He dejado mi pasaporte en el taxi.'처럼 무엇을 잃어버려서 그 결과를 현재에 말할 경우 직설법 현재완료로 표현한다. 그러나 과거의 부사들과는 현재완료를 함께 사용할 수 없다.

대화 I (diálogo I)

A : 도와주세요!

¡Socorro!

B : 뭘 도와드릴까요?

¿En qué puedo servirle?

A : 제 지갑을 잃어버렸어요. 그 안에는 여행자 수표가 들어 있거든요.

He perdido mi cartera en la que tengo cheques de viajero.

B : 언제 잃어버리셨는데요?

¿Cuándo la perdió?

A : 몇 분 전에요. 누구에게 문의해야 하지요?

Hace unos minutos. ¿A quién tengo que comunicar?

B : 분실물 사무소에 문의하세요.

Consulte con la oficina de objetos perdidos.

A : 아! 알겠습니다. 고맙습니다.

¡Ah! Bueno. Gracias.

B : 천만에요.

De nada.

표현설명 expresiones

동사 'hacer'는 모든 인칭 변화를 하는 경우는 '만들다/하다'이나 3인칭 단수로만 쓰여 시간의 경과나 날씨를 표현한다:
해가 난다. Hace sol.
덥다. Hace calor.
춥다. Hace frío.
바람이 분다. Hace viento.
내가 여기 산 지 두 달 되었다. Hace dos meses que vivo aquí.

단어 vocabulario

socorro m. 구조, 원조
pasaporte m. 여권
perder 29 잃어 버리다
oficina f. 사무실
cartera f. 지갑
cheque m. 수표
consultar 5 문의하다, 상담하다
objeto m. 물건

기본표현 2(expresión básica 2)

A : 함께 가주시겠습니까?	¿Nos hace el favor de acompañarnos?
B : 네, 물론이죠.	Sí, cómo no.
A : 여권 좀 보여주십시오.	Deme su pasaporte, por favor.
B : 여기있습니다. 경찰관님.	Aquí lo tiene señor comisario.
A : 무슨 일입니까?	¿Qué les pasa a ustedes?
B : 조사하는 것일 뿐입니다.	Es solo una pesquisa.

스페인어 한마디 palabra clave

'hacer el favor de'는 '~을 해주십시오'라는 뜻으로 '부탁합니다'와 같은 표현이다. 간청을 하는 경우는 동사 'rogar'를 사용한다.

대화 II (diálogo II)

A : 저는 마린 경찰입니다. 함께 가주시겠습니까?

Soy el comisario Marín. ¿Nos hace el favor de acompañarnos?

B : 네, 물론입니다. 왜 그러는지 말씀해 주시겠습니까?

Sí, cómo no. ¿Puede usted explicarme de qué se trata?

A : 그럼요. 일단 세관으로 가시지요.

Sí, luego. Primero vamos a la oficina de la aduana.

여권 좀 보여주십시오.

Deme su pasaporte, por favor.

B : 여기 있습니다. 경찰관님.

Aquí lo tiene, señor comisario.

A : 여행 목적이 무엇입니까?

¿Cuál es el propósito de su viaje?

B : 사업차 왔습니다. 근데 무슨 일이십니까?

Negocios. Pues, ¿qué les pasa a ustedes?

A : 조사하는 것일 뿐입니다.

Es solo una pesquisa.

표현설명 expresiones

1. '…해주시겠습니까?'라는 정중한 표현을 위해서는 'Podría ~', 'Me hace el favor de ~'등의 표현을 사용한다.

2. 직함 앞에 'señor(don)', 'señora(doña)', 'señorita(doña)'를 사용하여 표현한다.

단어 vocabulario

comisario m. 경찰
tratar [5] 다루다
negocio m. 사업
explicar [7] 설명하다
propósito m. 목적
pesquisa f. 조사

기본표현 3(expresión básica 3)

A : 내 여권을 잃어버렸어. B : 경찰서에 빨리 신고해.	He perdido mi pasaporte. Denuncia lo pronto a la comisaría.
A : 재발급 받으셔야 합니다. B : 재발급 받기 위해서는 무엇이 필요합니까?	Tiene que emitirse de nuevo. ¿Qué es necesario para uno nuevo?
A : 성함과 여권 번호를 말씀해 주세요. 언제 잃어버리셨죠? B : 제 이름은 김민국이고 어젯밤에 잃어버렸습니다. 그런데 번호는 잘 생각이 나지 않네요.	Deme su nombre y el número de pasaporte. Y ¿cuándo lo perdió? Mi nombre es Minkuk Kim y anoche lo perdí. Pero no recuerdo el número.

스페인어 한마디 palabra clave

'de nuevo'는 '다시 한 번'의 뜻으로 'otra vez'와 같은 표현이다.

대화 III (diálogo III)

A : 내 여권을 잃어버렸어. 좀 도와줘.

He perdido mi pasaporte. ¡Ayúdame!

B : 어서 경찰서에 신고해.

Denuncia lo pronto a la comisaría.

A : 경찰서? 왜?

¿A la comisaría? ¿Por qué?

B : 재발급 받아야 하니까.

Porque tiene que emitirse de nuevo.

A : 아, 그렇구나. 고마워.

Ah, entiendo. Gracias.

< En la comisaría 경찰서에서 >

A : 여권을 잃어버렸는데요. 어떻게 해야 하지요?

He perdido mi pasaporte. ¿Qué tengo que hacer?

C : 이 서류를 작성하셔서 대사관으로 가져가세요.

Tiene que llenar este formulario, y llevarlo a la Embajada.

그러면 거기서 재발급 해드릴 겁니다.

Entonces, allí se lo emitirán de nuevo.

A : 사진도 필요한가요?

¿Se necesitan fotos?

C : 그럼요.

Sí, claro.

표현설명 expresiones

1. '생각나다, 기억나다'라는 표현은 'recordarse de ~', 'acordarse de ~' 로 표현할 수 있으며, 반대로 '잊어버리다'라는 표현은 'olvidar' 또는 'olvidarse de ~'로 표현할 수 있다.
   반면에 'recordar'를 사용하면 '기억하다'의 뜻이다:
   No te olvides de pasar por la verdulería. 야채 가게에 들리는 것 잊어버리지 마.

2. 'tener que + 동사원형'은 '~해야만 한다'라는 뜻이다. 'deber + 동사원형', 'hay que + 동사원형'도 같은 뜻이다. 그러나 'hay que'는 이 형태 하나로만 쓰이며 '누구나 ~해야만 하다'의 뜻을 갖는다:
   나는 가야 한다. (Yo)Tengo que ir.
   너도 가야 한다. (Tú)Debes ir.
   누구나 가야 한다. Hay que ir.

3. 스페인 경찰서의 주업무는 우리나라와 비슷하지만 다른 점은 비자 발급을 담당하고 있다는 것이다. 지리적으로 아프리카와 인접해 있는 관계로 아프리카 불법 입국자들이 많아서 비자 발급에 필요한 요구 사항들이 무척 까다롭다. 스페인 경찰은 그 소속에 따라 시경찰, 주경찰, 그리고 연방경찰이라 할 수 있는 'guardia civil'이 있다. 후자는 프랑코 독재 시절에 무소불위의 권능을 자랑하던 경찰이다.

단어 vocabulario

perder 29 잃어버리다
por qué 왜
emitir 51 발급하다
formulario m. 서류
ayudar 5 도와주다
porque 왜냐하면
entender 29 이해하다
foto f. 사진

관련 단어 palabras para consulta

1. 경찰관 — **comisario / agente / policía**
2. 건널목 — **paso de peatones**
3. 보행자 — **peatón**
4. 공사 — **obras**
5. 포장도로 — **asfalto**
6. 거리 — **calle**
7. 우체통 — **buzón**
8. 신호등 — **semáforo**
9. 가로등 — **poste de la luz / farol**
10. 표지판 — **poste de señales**
11. 하수구 — **alcantarilla**
12. 사거리 — **cruce de calle**
13. 버스정류장 — **parada de autobús**
14. 전화부스 — **cabina telefónica**
15. 보도 — **acera**

경찰서 la comisaría

치안경찰	guardia civil
경찰서	comisaría
경관	policía, comisario
용의자	sospechoso
수사	pesquisa
구치	detención
심문	interrogación
국외추방	exilio
몰수	confiscación
형벌	pena, castigo

국제관계 las relaciones internacionales

대사관	embajada
대사	embajador
영사관	consulado
영사	cónsul
비자	visado
여권	pasaporte
상무관	agregado comercial
외교교섭	negociación diplomática
치외법권	extraterritorialidad
인종차별	discriminación racial
협정	pacto
합의	acuerdo
의정서	protocolo
유럽연합	Unión Europea
회원국	país miembro
국제연합	Organización de las Naciones Unidas

외무부	**ministro de relaciones exteriores**
유네스코	**Organización de las N.U. para la Educación, la Ciencia y la Cultura**
비정부기구 (NGO)	**las Organizacions No Gubernamentales**
유니세프 (UNICEF)	**Fondo de las Naciones Unidas para la Infancia**
국제연합 ·식량농업기구 (FAO)	**Organización de las Naciones Unidas para la Agricultura y la Alimentación**
세계보건기구 (WHO)	**Organización Mundial de la Salud**
북대서양조약기구 (NATO)	**la Organización del Tratado del Atlántico del Norte**

상황 17 • 사업상 만남(encuentro de negocios)

기본표현 1(expresión básica 1)

A : 모랄레스씨 계십니까?
¿Está el señor Morales?
B : 모랄레스씨는 사무실에 계십니다. 이쪽으로 오세요
El señor Morales está en el despacho. Pasen por aquí, por favor.

A : 좋아요, 이바라스씨, '에스뜨렐랴' 실업이 정확하게 어디에 있습니까?
Bueno, señor Ibarra, ¿dónde está exactamente la Industrial Estrella?
B : 저, 외곽지대에 있는데요. 도시에서 약 12km 떨어진 서쪽지방에 있어요.
Pues, está en las afueras, a unos doce kilómetros de la ciudad, en dirección oeste.

A : 너는 이 회사에서 일한 지 얼마나 되었지?
¿Cuánto tiempo hace que trabajas en esta compañía?
B : 아마, 약 15년 됐지.
Pues, hace unos quince años.

스페인어 한마디 palabra clave

'대강'이라는 뜻은 'unos/más o menos/alrededor de/a eso de/sobre'등으로 표현한다.

대화 I (diálogo I)

A : 안녕하세요. 저는 김 민국인데요.

Buenos días. Soy Minkuk Kim.

발렌시아에 온 김에 가능하면 오늘 오후에 로메로씨를 뵙고 싶은데요.

Estoy de paso en Valencia y quisiera ver al señor Romero esta tarde si es posible.

B : 죄송합니다. 로메로 씨가 오늘은 하루 종일 바쁘신데요.

Lo siento, el señor Romero está ocupado todo el día.

일본에서 온 고객을 대접하셔야 하거든요. 내일 오실 수 있습니까?

Está atendiendo a unos clientes que vienen de Japón. ¿Puede Ud. venir mañana?

A : 네, 내일은 12시까지 시간이 있습니다.

Sí, mañana estoy libre hasta las doce.

B : 그러면 10시에요, 괜찮으세요?

Entonces, a las diez, ¿le parece bien?

A : 좋습니다.

Estupendo.

B : 김 선생님 맞죠?

El señor Kim, ¿no?

A : 네, 김 민국입니다.

Sí, Minkuk Kim.

B : 알겠습니다, 김 선생님. 내일 뵙죠.

De acuerdo, señor Kim. Hasta mañana.

A : 안녕히 계세요. 고맙습니다.

Hasta mañana. Gracias.

B : 천만에요.

De nada.

표현설명 expresiones

'~한 지 ~되다'라는 표현은 'Hace + 기간 + que'로 표현할 수 있으며, '~ desde hace + 기간'으로 다르게 표현할 수도 있다. 또는 동사 'llevar'를 사용하기도 한다:
여기 산 지 20년 됩니다. Hace veinte años que vivo aquí.
20년 전부터 여기 삽니다. Vivo aquí desde hace veinte años.
20년 동안 여기 삽니다. Llevo veinte años aquí.

단어 vocabulario

ocupado(a) 바쁜
cliente m.f. 고객
atender 29 대접하다, 시중들다
doce 12

기본표현 2(expresión básica 2)

A : 지불은 어떤 형식으로 하시겠습니까?
En cuanto a la forma de pago, ¿qué tipo de documentos aceptan Uds.?
B : 수표나 은행 어음으로 지불하겠습니다.
Pues, el pago se puede hacer con cheque o por medio de una letra bancaria.

A : 주문을 발송하는데 얼마나 걸립니까?
¿Y cuánto tiempo tarda en despachar un pedido?
B : 일반적으로 약 2, 3일 걸립니다.
Normalmente unos dos o tres días.

A : 바로 오늘 오후에 주문장을 보내겠습니다.
Le mandaré el pedido esta misma tarde.
B : 좋습니다. 당신이 좋으실 때 보내주세요.
Perfectamente. Cuando Ud. quiera.

스페인어 한마디 palabra clave

동사 'tardar'는 '시간이 걸리다'는 뜻의 자동사이다:
그것을 끝내는데 얼마나 걸릴까요?
¿Cuánto tiempo tarda en terminarlo?
¿Cuánto tiempo se tarda en terminarlo?
늦어도 한달 내에 끝내겠습니다.
A más tardar, lo terminaré dentro de un mes.

대화 II (diálogo II)

A : 안녕하세요.

Buenos días.

B : 안녕하세요. 뭘 도와드릴까요?

Buenos días, señor. ¿En qué puedo servirle?

A : 아, 저는 한국의 한 회사의 사업부장인데요.
당신 회사의 자동차를 수입하고 싶습니다. 경제적이고 그리 크지 않은 차를 원합니다.

Pues, yo soy director general de una empresa de Corea y quiero importar los coches de su empresa. Los quiero económicos y no demasiado grandes.

어떤 것을 추천해 주시겠습니까?

¿Qué me recomienda?

B : 음... 경제적이고 그리 크지않은 차라.

A ver... económico y no demasiado grande.

그러면 저 모델을 추천해 드리죠.

Pues, puedo recomendarle aquel modelo.

예쁘고 크기도 중형에, 기름도 거의 소비하지 않는데다가

Es un coche muy bonito, de tamaño mediano y consume poca gasolina.

가격도 아주 괜찮습니다.

Además está muy bien de precio.

A : 카탈로그를 가지고 계십니까?

¿Tiene catálogo?

B : 물론입니다. 여기에 우리가 생산하는 모든 모델들이 다 있습니다.

Por supuesto. Aquí tenemos todos los modelos que fabricamos.

A : 부산항 CIF 가격을 알고 싶은데요.

Quisiera saber la cotización C.I.F., Puerto de Busan.

표현설명 expresiones

1. 'Los quiero económicos.'는 'Quiero los coches económicos.'에서 'coches'를 생략하면 'Quiero los económicos.'가 되며 이때 'los económicos'는 '경제적인 것'으로 명사화가 되므로 이를 서술적으로 만들기 위해 'Los quiero económicos.'가 된 것이다. 즉 목적어와 목적보어의 관계를 만든 것이다.

2. 'la cotización'은 '가격/시세'의 뜻이다:
   현 시세 la cotización a término
   환 시세 la cotización de cambios
   자유 시세 la cotización libre(no oficial)
   공정 시세 la cotización oficial
   현금 시세 la cotización al contado(en efectivo)

단어 vocabulario

director general m. 사장 f. directora
empresa f. 회사
económico(a) 경제적인
tamaño m. 크기
consumir 51 소비하다
catálogo m. 카탈로그
cotización f. 거래가격
gerente m. 지점장
importar 5 수입하다
modelo m. 모델, 견본
mediano(a) 중간의
gasolina f. 기름
fabricar 7 제조, 생산하다
puerto m. 항구
Coste y Flete(CIF) 운임 보험료 포함 가격(Cost Insuarance and Freight)

기본표현 3(expresión básica 3)

A : 저는 재봉틀에 관심이 있는데요.
Estoy interesado en una máquina de coser.
B : 이 카탈로그에서 선생님께 유용한 기계를 찾을 수 있을 겁니다.
En este catálogo podrá encontrar la máquina que más le convenga.

A : 논의하고 싶은 것은 지불 방법입니다.
Lo que quiero discutir es la forma de pago.
B : 어떤 지불 방식을 원하십니까?
¿Qué forma de pago quiere Ud.?

A : 언제까지 상품이 도착해야 합니까?
¿Hasta cuándo tienen que llegar los productos?
B : 이달 중순까지요.
Hasta mediados de este mes.

스페인어 한마디 palabra clave

1. '초순에'라는 표현은 'a principios de~'로 표현하고, '중순에'는 'a mediados de~'로, '말에'는 'a fines de'로 표현한다.

2. '나는 ~에 관심이 있다'라고 할 때는 'Me interesa + 동사원형/명사', 'Tengo interés en 동사원형/명사' 또는 'estoy interesado(a) en 동사원형/명사'의 방법으로 표현할 수 있다.

대화 III (diálogo III)

A : 직접 사업상의 이야기를 하게 되어 기쁩니다.

Me alegro mucho de discutir este negocio personalmente.

B : 저도 기쁩니다. 우리의 주문을 맞추시는 데 무슨 문제는 없지요?

Yo también. ¿Hay algún problema con la entrega de nuestro pedido?

A : 물론 없습니다.

Claro que no.

B : 늦어도 10월 말까지는 모든 상품이 도착하기를 원합니다.

Queremos que nos llegue la totalidad de las mercancías a fines de octubre a más tardar.

A : 걱정 마십시오.

No se preocupe, señor.

B : 크리스마스 판매를 위한 것입니다. 매우 잘 팔릴 거라고 확신합니다.

Eso es para las ventas de Navidad. Estoy seguro de que se venderán muy bien.

A : 그러길 바랍니다.

Así lo espero.

표현설명 expresiones

1. 동사 'alegrarse de'는 '기쁘다'는 뜻이다. 뒤에 'que'로 이어지는 문장이 올 경우 종속절에 접속법을 써준다:
   나는 네가 몸이 나아져서 기쁘다.
   Me alegro de que te mejores.
   나는 네가 몸이 나아져서 기뻤다.
   Me alegraba de que te mejoraras.

2. 현재까지 우리나라와 스페인어권과의 교역은 그리 활발하다고 볼 수는 없지만 중미 자유무역지대(zona franca)에 우리의 업체, 특히 봉제업체들이 많이 진출해 있다. 그러나 문화적으로 많은 차이가 있으므로 서로를 인간적으로 이해하도록 노력하는 것이 무엇보다 우선되어야 한다.

단어 vocabulario

discutir 51 논의하다
personalmente 직접, 개인적으로
entrega f. 건네주는 일, 인도
totalidad f. 전체, 총체
octubre 10월
venta f. 판매
seguro(a) 확실한
negocio m. 사업
efectuar 10 시행하다
pedido m. 주문
mercancía f. 상품
tardar 5 늦어지다
Navidad f. 크리스마스

관련 단어 palabras para consulta

❶ 수위	portero
❷ 엘리베이터	ascensor
❸ 비서	secretaria
❹ 타자기	máquina de escribir
❺ 화분	maceta
❻ 문	puerta
❼ 사무실	despacho
❽ 계산기	calculadora
❾ 쓰레기통	papelera
❿ 스테이플러	grapadora
⓫ 책상	escritorio

사업 los negocios

산업	**industria**
제조업자	**fabricante**
기사	**ingeniero(a)**
노동자	**trabajador(a), obrero(a)**
제조	**fabricación**
생산	**producción**
노동력	**mano de obra**
상표	**marca**
상업	**comercio**
거래, 장사	**negocio**
구입	**compra**
판매	**venta**
현금으로	**al contado, en efectivo**
할부로	**a plazo**
수표로	**en cheque**
가격	**precio**
지불	**pago**
이익	**beneficio**
손실	**pérdida**
수입	**importación**
수출	**exportación**
사장	**director(a)**
바이어	**comprador(a)**
비서	**secretario(a)**
판매원	**vendedor(a)**
고객	**cliente**
할인	**descuento**
영수증	**factura**
약속어음	**pagaré**

상황 18 • 귀국을 앞두고(antes del regreso)

기본표현 1(expresión básica 1)

A : 내일 아침 8시에 떠납니다.	Partiré mañana a las 8 de la mañana.
B : 스페인에서의 여행은 어떠셨습니까?	¿Cómo ha sido su viaje por España?
A : 지금 체크아웃 하겠습니다.	Ahora, voy a dejar la habitación.
B : 어떻게 지불하시겠습니까?	¿Cómo quiere pagar?
A : 이 호텔의 서비스는 좋았습니다.	El servicio de este hotel ha sido excelente.
B : 다시 또 뵙기를 원합니다.	Esperamos verle de nuevo.

스페인어 한마디 palabra clave

동사 'esperar'는 '기다리다'라는 뜻이며 사람을 기다릴 때는 전치사 'a'를 쓴다. 그러나 'esperar'뒤에 동사 원형이 오면 '~하기를 원하다, 바라다'의 뜻이 된다.

대화 I (diálogo I)

A : 내일 오후 1시에 체크아웃 하겠습니다.

Partiré mañana a la 1 de la tarde.

B : 서비스는 어떠셨습니까?

¿Cómo ha sido el servicio?

A : 매우 좋았습니다. 이 호텔이 참 마음에 들었습니다.

Muy bien. Me ha gustado este hotel.

B : 고맙습니다. 지불은 어떻게 하시겠습니까?

Gracias. ¿Cómo quiere pagar?

A : 여행자 수표도 받습니까?

¿Aceptan cheques de viajero?

B : 네, 계산서 여기 있습니다.

Sí, aquí está la cuenta.

다시 또 뵙기를 원합니다.

Esperamos verle de nuevo.

표현설명 expresiones

'내일'은 부사이며 아침은 명사(la mañana)이다. 그러므로 '내일 아침'을 표현할 때는 'mañana por la mañana' 또는 'mañana de la mañana'로 한다:

모레 pasado mañana
어제 ayer
그저께 anteayer
어젯밤 anoche
내년 el año próximo/el año entrante/el año que viene
작년 el año pasado

단어 vocabulario

partir 51 떠나다
pagar 6 지불하다
esperar 5 기다리다
servicio m. 서비스
aceptar 5 받아들이다
de nuevo 다시

기본표현 2(expresión básica 2)

A : 비행기 예약을 재확인하고 싶습니다.
Deseo reconfirmar la reservación del vuelo.
B : 예약이 재확인되었습니다.
Su reservación ya está reconfirmada.

A : 예약을 변경하고 싶어요.
Deseo cambiar la reservación.
B : 성함과 출발일을 말씀해 주세요.
Deme su nombre y la fecha de partida, por favor.

A : 내일 떠나는 비행기 편을 모레로 바꾸고 싶습니다.
Quiero cambiar el vuelo de mañana por el de pasado mañana.
B : 기다리세요... 됐어요, 변경되었습니다.
Espere un momento... Bueno, ya está.

스페인어 한마디 palabra clave

1. '재확인하다'라는 표현은 'confirmar'에 접두사 're-'를 붙여 표현한다.

2. 'A를 B로'라고 할 때는 'A por B'로 표현한다.

대화 II (diálogo II)

A : 여보세요? 알 항공사죠?

¿Oiga? ¿Es la línea aérea AL?

B : 네, 말씀하세요.

Sí, dígame.

A : 예약을 좀 변경하고 싶은데요.

Quiero cambiar mi reservación.

B : 네, 성함과 출발일, 비행기 번호를 알려주시겠습니까?

Bueno, deme su nombre, la fecha de partida y el número del vuelo.

A : 9월 5일 금요일 서울행 703편입니다. 제 이름은 김 민국이구요.

Es el vuelo 703 a Seúl del viernes, el 5 de septiembre. Mi nombre es Minkuk Kim.

B : 언제로 변경하고 싶으신데요?

¿Para cuándo quiere cambiar el vuelo?

A : 다음 수요일인 10일 같은 시간으로요.

A la misma hora del miércoles, el 10 que viene, por favor.

B : 잠시만 기다리세요... 됐어요, 변경되었습니다. 새 비행기편은 AL 502기입니다.

Espere un momento... Bien, ya está. El nuevo vuelo de AL es 502.

A : 감사합니다.

Gracias.

표현설명 expresiones

1. '...하기를 원하다'라는 표현을 위해서는 동사 'desear, esperar, querer'등을 사용할 수 있으며, 이들 동사는 모두 동사원형을 취하여 표현한다:
   딸을 갖고 싶습니다. Deseo tener una hija.
   너를 곧 보게 되길 바란다. Espero verte pronto.
   TV를 보고 싶다. Quiero ver la televisión.

2. Cambiar A por B는 'A를 B와 바꾸다'라는 뜻이다.

3. 날짜를 표현할 때는 'el día 5/el 5', 'el año 2015/el 2015'로 한다.

단어 vocabulario

línea f. 선
fecha f. 날짜
septiembre m. 9월
miércoles m. 수요일
aéreo(a) 항공의
viernes m. 금요일
mismo(a) 동일한

기본표현 3(expresión básica 3)

A : 어디에서 탑승 수속을 합니까?	¿Dónde puedo hacer el trámite de embarque?
B : 저쪽입니다.	Por allí.
A : 비행기는 예정대로 떠납니까?	¿Saldrá este vuelo a la hora exacta?
B : 네, 5시 정각에 기내탑승을 개시합니다.	Sí, empieza el embarque a las 5 en punto.
A : 게이트 번호를 알려주십시요.	Enséñeme el número de la puerta.
B : 6번 게이트입니다.	El número 6.

스페인어 한마디 palabra clave

'allí'는 부사로 '저쪽에'이고 'por allí'라고 하면 부사구로 '저쪽으로'라는 뜻이다.

대화 III (diálogo III)

A : 어디에서 탑승 수속을 합니까?

¿Dónde puedo hacer el trámite de embarque?

B : 저쪽입니다.

Por allí.

C : 무엇을 도와드릴까요?

¿En qué puedo servirle?

A : 탑승 수속을 하려고 하는데요.

Quiero hacer el trámite de embarque.

C : 좋습니다.

Bueno.

A : 비행기는 제시간에 떠납니까?

¿Saldrá este vuelo a la hora exacta?

C : 아니요, 30분 늦어집니다.

No. Tiene un retraso de treinta minutos.

A : 아, 그래요? 그러면 면세점은 어디에 있습니까?

Ah, ¿sí? Pues, ¿dónde está la tienda libre de impuestos?

C : 3층에 있습니다.

Está en el tercer piso.

A : 고맙습니다.

Muchas gracias.

표현설명 expresiones

1. 시간을 표현할 때, '30분'은 'treinta' 또는 'media'로, '15분'은 'quince' 또는 'cuarto'로 한다. 그리고 '정각'이라는 표현은 'en punto'로 하며, '제시간에'는 'a tiempo'로 한다.

2. '늦어지다'는 동사 'retrasarse'로, '빨라지다'는 동사 'adelantarse'로 표현한다.

3. 귀국을 앞두고 많은 사람들이 쇼핑을 하게 되는데 스페인의 특산품으로는 고운 빛과 맑은 소리를 자랑하는 'Valencia'산 도자기인 'Lladró'와 'Toledo'지방의 금세공품인 'damasquinado'가 있으며 우리나라에도 요즘 많이 소개되어 있는 양식 진주인 'Majorica'가 있다. 또한 스페인 양가죽의 품질은 매우 뛰어나 외투를 구입하는 사람들도 많다. 소가죽은 중상품질로 가격이 괜찮아서 많은 바이어들의 발길이 끊이지 않는다. 이외 농산물로는 'Valencia'지방의 쌀과 'Andalucía'지방의 올리브, 또 맛이 뛰어난 오렌지가 세계적으로 유명하다.

단어 vocabulario

trámite m. 수속
salir 79 떠나다
retraso m. 지연
tercero(a) 세 번째의
embarque m. 탑승
exacto(a) 정확한
impuesto m. 세금

관련 단어 palabras para consulta

1	공항 안내 표지	**las señales de información del aeropuerto**
2	출발	**salidas**
3	도착	**llegadas**
4	승객 통행	**pasajeros en tránsito**
5	대합실	**sala de espera**
6	만남의 장소	**punto de encuentro**
7	수하물 예치소	**consigna de equipajes**
8	차 대여	**coches de alquiler**
9	환전	**cambio**
10	남자화장실	**servicio de caballeros**
11	여자화장실	**servicio de damas**
12	방문객 대기소	**terraza de visitantes**

시간 la hora

몇 시입니까?	**¿Qué hora es (ahora)?**
	¿Tiene hora?
1시입니다	**Es la una (hora).**
2시입니다	**Son las dos.**
3시 15분입니다	**Son las tres y cuarto.**
4시 30분입니다	**Son las cuatro y media.**
5시 15분 전입니다	**Son las cinco menos cuarto.**
6시 30분입니다	**Son las seis y media.**
7시 정각입니다	**Son las siete en punto.**
오전 8시입니다	**Son las ocho de la mañana.**
오후 10시입니다	**Son las diez de la tarde.**
밤 9시입니다	**Son las nueve de la noche.**

계절 la estación

봄	**primavera**
여름	**verano**
가을	**otoño**
겨울	**invierno**

CASA SPANISH

상황과 함께하는 스페인어 el español en situaciones

초판 인쇄 2015년 2월 21일
초판 발행 2015년 2월 28일

지은이 민 선 재
발행인 김 인 철
발행처 한국외국어대학교 지식출판원
130-791 서울특별시 동대문구 이문로 107
전화 02)2173-2495~7
팩스 02)2173-3363
홈페이지 http://press.hufs.ac.kr
전자우편 press@hufs.ac.kr
출판등록 제6-6호(1969. 4. 30)
디자인 · 편집 (주)이환디앤비 02)2254-4301
인쇄 · 제본 성전기획 031)955-8826

ISBN 978-89-7464-971-5 14770 정가 20,000원
ISBN 978-89-7464-968-5 (세트)

*잘못된 책은 교환하여 드립니다.

HU:iNE은 한국외국어대학교 지식출판원의 어학도서, 사회과학도서, 지역학 도서 Sub Brand이다. 한국외대의 영문명인 HUFS, 현명한 국제전문가 양성(International+Intelligent)의 의미를 담고 있으며, 휴인(携引)의 뜻인 '이끌다, 끌고 나가다'라는 의미처럼 출판계를 이끄는 리더로서, 혁신의 이미지를 담고 있다.

* 이 책의 음원(mp3)은 한국외국어대학교 지식출판원 홈페이지(press.hufs.ac.kr) - 게시판 - 자료실에서 다운받아 사용하시기 바랍니다.